# 打赢脱贫攻坚战
# 基层干部群众读本

何得桂　徐　榕　高建梅　等 / 编著

知识产权出版社
全国百佳图书出版单位

图书在版编目（CIP）数据

打赢脱贫攻坚战基层干部群众读本 / 何得桂等编著 .—北京：知识产权出版社，2019.4
ISBN 978-7-5130-6184-1

Ⅰ. ①打… Ⅱ. ①何… Ⅲ. ①扶贫—中国—基层干部—学习参考资料 Ⅳ. ① F126

中国版本图书馆 CIP 数据核字（2019）第 059876 号

责任编辑：兰　涛　　　　　　　　　责任校对：谷　洋
封面设计：郑　重　　　　　　　　　责任印制：刘译文

## 内容提要

本书认真贯彻落实习近平总书记关于扶贫工作重要论述的精神，紧密结合基层减贫工作、贫困群众的需求和乡村振兴战略的要求，着力阐述如何如期、高质量地打赢脱贫攻坚战的思路、策略和方法，积极探索脱贫攻坚的有效实现形式；主要围绕如何锁定"六个精准"，深入实施"五个一批"，扎实推动精准扶贫政策措施落地，如何坚持扶贫与扶志、扶智相结合，鼓励贫困群众用勤劳双手创造幸福美好生活等方面内容，使广大基层干部群众增强责任感、使命感和参与度，以促进脱贫质量的提升。书中还收录了脱贫攻坚的典型案例和成功做法，是一本权威、实用、可读性强的脱贫攻坚社科知识普及读物。

## 打赢脱贫攻坚战基层干部群众读本

何得桂　徐　榕　高建梅　等　编著

| 出版发行 | 知识产权出版社 有限责任公司 | 网　　址 | http：//www.ipph.cn |
|---|---|---|---|
| 社　　址 | 北京市海淀区气象路 50 号院 | 邮　　编 | 100081 |
| 责编电话 | 010-82000860 转 8325 | 责编邮箱 | lantao@cnipr.com |
| 发行电话 | 010-82000860 转 8101/8102 | 发行传真 | 010-82000893/82005070/82000270 |
| 印　　刷 | 北京建宏印刷有限公司 | 经　　销 | 各大网上书店、新华书店及相关专业书店 |
| 开　　本 | 720mm×1000mm　1/16 | 印　　张 | 12.5 |
| 版　　次 | 2019 年 4 月第 1 版 | 印　　次 | 2019 年 4 月第 1 次印刷 |
| 字　　数 | 172 千字 | 定　　价 | 58.00 元 |

ISBN 978-7-5130-6184-1

出版权专有　侵权必究
如有印装质量问题，本社负责调换。

本书系陕西省社科普及资助项目的研究成果

"西北农林科技大学乡村振兴战略研究院的《打赢脱贫攻坚战基层干部群众读本》，获得省扶贫开发办公室肯定，省人大已在其牵头的扶贫片区推广使用。"

——摘自陕西省社科联党组书记、常务副主席郭建树 2019 年 3 月 27 日在陕西省社科联五届二次全委会议上所作题为《回应新时代　谋求新发展　奋力谱写社科强省建设新篇章》的工作报告

# 前　言

脱贫攻坚是决胜全面小康、实现第一个百年奋斗目标的重大举措。我国农村贫困人口已经从 2012 年年底的 9899 万人减少到 2018 年年底的 1660 万人，累计减少贫困人口 8239 万人，贫困发生率从 10.2% 下降到 1.7%，减少了将近 9 个百分点。建档立卡贫困村从 12.8 万个减少到 2.6 万个，10 万个贫困村已经脱贫退出。全国 832 个贫困县已经有 153 个宣布"摘帽"，2018 年预计还有 280 个左右的贫困县要脱贫退出。从贫困人口整体规模和贫困发生率上看，陕西与全国扶贫开发工作基本同步，特别是 2013—2018 年陕西农村贫困人口年均减少 84 万人，贫困发生率年均下降 2.8 个百分点，减贫效果十分显著，区域性贫困问题正在有效破解。经过多年的减贫工作，稳定推进脱贫攻坚的长效机制已基本形成，常态化下的脱贫攻坚工作稳步健康推进。

2017 年 10 月 18 日，中国共产党第十九次全国代表大会在北京召开，习近平总书记在党的十九大报告中指出："让贫困人口和贫困地区同全国一道进入全面小康社会是我们党的庄严承诺。要动员全党、全国、全社会力量，坚持精准扶贫、精准脱贫，坚持中央统筹省负总责市县抓落实的工作机制，强化党政一把手负总责的责任制，坚持大扶贫格局，注重扶贫同扶志、扶智相结合，深入实施东西部扶贫协作，重点攻克深度贫困地区脱贫任务，确保到2020年我国现行标准下农村贫困人口实现脱贫，贫困县全部摘帽，解决区域性整体贫困，做到脱真贫、真脱贫。"

2018年6月15日，中共中央、国务院发布《中共中央国务院关于打赢脱贫攻坚战三年行动的指导意见》，该文件指出：要"全面贯彻党的十九大和十九届二中、三中全会精神，以习近平新时代中国特色社会主义思想为指导，充分发挥政治优势和制度优势，坚持精准扶贫、精准脱贫基本方略"。"突出问题导向，优化政策供给，下足绣花功夫，着力激发贫困人口内生动力，着力夯实贫困人口稳定脱贫基础，着力加强扶贫领域作风建设，切实提高贫困人口获得感，确保到2020年贫困地区和贫困群众同全国一道进入全面小康社会，为实施乡村振兴战略打好基础。"

为打赢脱贫攻坚战，陕西省要咬定目标、苦干实干，坚决如期高质量打赢脱贫攻坚战，确保陕西与全国同步全面建成小康社会。到2020年，确保现行标准下陕西建档立卡贫困人口全部实现脱贫，贫困人口收入稳步增长，年均收入增速高于全省平均水平；7323个贫困村全部退出，贫困村基础设施日趋完善，公共服务主要领域指标接近全省平均水平；56个贫困县全部"摘帽"，域内三次产业协调发展，城乡居民收入和经济发展实现同步增长，人均地区生产总值接近全省平均水平。

脱贫攻坚取得的成绩是主要的，但是也要清醒地认识到，目前所面临的形势任务依然艰巨，工作中还存在一些问题和不足。加强对脱贫攻坚工作的总结和宣传，对于打赢脱贫攻坚战具有重要作用。

如何更好地宣传和普及精准扶贫、精准脱贫政策，进一步提高基层群众的参与度及对脱贫攻坚政策的知晓率和满意度，是陕西省打赢精准脱贫攻坚战面临的一项重要课题。为进一步加强脱贫攻坚的宣传普及工作，陕西省社会科学界联合会以陕西省社科普及活动资助项目为平台，西北农林科技大学公共管理系主任、乡村振兴战略研究院的何得桂团队承担了陕西省社科普及活动资助项目，并得到了陕西省扶贫开发办公室的有力支持。

该项目以习近平新时代中国特色社会主义思想为指导，认真贯彻党的十九大精神、中央扶贫开发工作会议精神和2018年中央一号文件精神，以及陕西省委十三届二次全会精神，认真贯彻"普及社科知识 创造美好生活"的主题，以提高脱贫质量为主线，提高精准扶贫政策的知晓率和满意度，助力脱贫攻坚。在扎实的实地调查以及大量的政策文献梳理的基础上，项目组最终完成了《打赢脱贫攻坚战基层干部群众读本》一书。

习近平总书记指出："哲学社会科学工作者要多到实地调查研究，了解百姓生活状况、把握群众思想脉搏，着眼群众需要解疑释惑、阐明道理，把学问写进群众心坎里。"本书重点结合习近平总书记关于扶贫工作的重要论述，"四个全面"战略布局和五大发展理念，重点结合基层工作实际、建档立卡贫困户的需求，以及乡村振兴战略，阐述新形势下陕西省如期高质量打赢脱贫攻坚战的宏观背景及其重要性和必要性，积极探索脱贫攻坚的有效实现形式，重点介绍如何锁定"六个精准"，深入实施"五个一批"，扎实推动精准扶贫政策措施落地，如何坚持扶贫与扶志、扶智相结合，鼓励贫困群众用勤劳双手创造幸福美好生活，并通过阐述使广大基层干部群众增强责任感、使命感和参与度，提高脱贫攻坚的精准度、满意度，以此促进提升脱贫质量。此外，为了便于基层干部群众准确理解、融会贯通，书中还收录了脱贫攻坚典型案例和成功做法，因此本书是一本权威、实用、可读性强的脱贫攻坚社科知识普及读物。

本书的出版将有助于增强基层干部群众对全面打赢脱贫攻坚战的认识，推动脱贫攻坚工作高质量地开展，助力乡村振兴和全面小康社会；也有助于有效激发贫困群众脱贫内生动力，扩大基层群众对精准扶贫、精准脱贫政策的知晓率，提高脱贫精准度及脱贫攻坚工作的满意度；此外，也有助于进一步营造全社会关心支持我国如期高质量打赢脱贫攻坚战的氛围，提高基层干部实际能力，助力培育懂扶贫、会帮扶、作风硬的扶贫干部队伍，进而不断提高脱贫攻坚质量。

# 目 录

**第一章 读懂打赢脱贫攻坚战的"中央精神"**…………001
  一、脱贫攻坚的中央政策解读之一——《中共中央国务院
    关于打赢脱贫攻坚战的决定》…………………001
  二、脱贫攻坚的中央政策解读之二——《国务院关于印发
    "十三五"脱贫攻坚规划的通知》………………004
  三、脱贫攻坚的中央政策解读之三——《中共中央国务院
    关于打赢脱贫攻坚战三年行动的指导意见》…………008
  四、打赢脱贫攻坚战——习近平总书记怎么说…………011

**第二章 全面打赢脱贫攻坚战的"陕西实践"**…………017
  一、陕西脱贫攻坚的重要举措……………………………018
  二、陕西脱贫攻坚的现状与成效…………………………020
  三、陕西脱贫攻坚的亮点经验……………………………026
  四、脱贫攻坚中的陕西荣誉………………………………028

**第三章 陕西农村脱贫攻坚任务清单（2018—2020年）**………029
  一、范围与对象……………………………………………030

二、总体思路 ·················································· 032
　　三、基本原则 ·················································· 032
　　四、目标任务 ·················································· 034
　　五、重点工程建设 ·············································· 035

**第四章　晒晒陕西产业扶贫"大礼包"** ································ 051
　　一、产业扶贫的重要性 ·········································· 052
　　二、陕西省产业扶贫"28条" ····································· 053
　　三、陕西省产业扶贫新模式 ······································ 059

**第五章　易地扶贫搬迁这些事，你不能不知道** ························ 065
　　一、对象怎么定 ················································ 066
　　二、人往何处搬 ················································ 069
　　三、资金怎么用 ················································ 069
　　四、土地怎么管 ················································ 072
　　五、安置怎么搞 ················································ 073

**第六章　图解陕西的生态扶贫** ······································ 079
　　一、为什么是绿色 ·············································· 081
　　二、绿色发展体现在哪些方面 ···································· 084
　　三、陕西绿色发展取得了哪些成绩 ································ 088
　　四、陕西省绿色发展做了哪些规划 ································ 090
　　五、陕西省生态扶贫有哪些政策 ·································· 092

## 第七章　教育扶贫有哪些"干货" …………………… 095
一、教育资助与精准扶贫 ………………………… 096
二、陕西省教育扶贫实施方案 …………………… 098
三、教育扶贫的陕西实践 ………………………… 104
四、陕西"四个精准"推进教育扶贫 ……………… 107
五、怎样更好地推进教育扶贫 …………………… 109

## 第八章　健康扶贫的十副"良方" …………………… 111
一、因病致贫、返贫人口精准识别 ……………… 112
二、提高贫困人口医疗保障水平 ………………… 113
三、完善贫困人口医疗保障体系 ………………… 115
四、扎实开展农村贫困人口签约服务 …………… 116
五、开展集中救治与分类救治 …………………… 117
六、落实分级诊疗制度 …………………………… 118
七、加强贫困地区医疗卫生服务体系建设 ……… 119
八、关注重点人群健康状况 ……………………… 121
九、全面实施贫困地区疾病控制"八大行动" …… 122
十、大健康格局：健康陕西2030 ………………… 122

## 第九章　扶志：带你看懂脱贫"尖兵"如何发力 …… 125
一、培育贫困村创业致富带头人 ………………… 125
二、系统开展扶贫干部培训 ……………………… 128
三、扶贫扶志"六大行动"加强风气建设 ………… 130
四、加强技术培训　打造就业平台 ……………… 134

五、增强模范宣传　提高典型示范 …………………………… 136

**第十章　看看社会保障如何兜底脱贫** ………………………………… 139
　　一、农村最低生活保障 …………………………………………… 140
　　二、五保户供养政策 ……………………………………………… 143
　　三、贫困计生户保障政策 ………………………………………… 144
　　四、养老保险与失业保险 ………………………………………… 147
　　五、困难残疾人生活补贴和重度残疾人护理补贴 …………… 147
　　六、高龄老人生活保健补贴 ……………………………………… 148
　　七、临时救助制度 ………………………………………………… 149
　　八、特殊群体关爱服务 …………………………………………… 150
　　九、城镇扶贫工作 ………………………………………………… 151

**第十一章　脱贫攻坚典型案例和成功实践** …………………………… 153
　　镇巴系统扎实开展健康扶贫，保障贫困人口健康问题 …… 153
　　平利县：异地搬迁挪穷窝　脱贫致富新生活 ………………… 157
　　安康：建设新民风　打赢脱贫攻坚战 ………………………… 160
　　千阳项目超市：增收门路摆上货架，各村各户按需提取 … 163
　　吴起县创新"生态扶贫"，助推脱贫攻坚 …………………… 166
　　"筑巢引凤"：打造一支"不走的扶贫工作队" ……………… 169

**参考文献** ………………………………………………………………… 181
**后　记** …………………………………………………………………… 184

# 第一章

# 读懂打赢脱贫攻坚战的"中央精神"

全面建成小康社会,一个也不能少。党的十八大以来,以习近平同志为核心的党中央围绕脱贫攻坚做出一系列重大部署和安排,全面打响脱贫攻坚战,拓展了中国特色贫困治理的道路,脱贫攻坚取得决定性进展。党的十九大明确把精准脱贫作为决胜全面建成小康社会必须打好的三大攻坚战之一,做出了新的部署。进一步完善顶层设计、强化政策措施、加强统筹协调,不断提升扶贫脱贫国家动员能力,凝聚起脱贫攻坚的强大合力,这些都推动了脱贫攻坚工作更加有效开展和科学开展。

## 一、脱贫攻坚的中央政策解读之一 ——《中共中央国务院关于打赢脱贫攻坚战的决定》

### (一)颁布时间

2015年11月29日。

### (二)提出目标

到2020年,稳定实现农村贫困人口不愁吃、不愁穿,义务教育、基本医疗和住房安全有保障。实现贫困地区农民人均可支配收入增长幅度高于全国平均水平,基本公共服务主要领域指标接近全国平均水平。确保我国现行标准下农村贫困人口实现脱贫,贫困县全部"摘帽",解决区域性整体贫困。

### (三)指导思想

全面贯彻落实党的十八大和十八届二中、十八届三中全会、十八届四中全会、十八届五中全会精神,以邓小平理论、"三个代表"重要思想、科学发展观为指导,深入贯彻习近平总书记系列重要讲话精神,围绕"四个全面"战略布局,牢固树立并切实贯彻创新、协调、绿色、开放、共享的发展理念,充分发挥政治优势和制度优势,把精准扶贫、精准脱贫作为基本方略,坚持扶贫开发与经济社会发展相互促进,坚持精准帮扶与集中连片特殊困难地区开发紧密结合,坚持扶贫开发与生态保护并重,坚持扶贫开发与社会保障有效衔接,咬定青山不放松,采取超常规举措,拿出过硬办法,举全党全社会之力,坚决打赢脱贫攻坚战。

### (四)基本原则

坚持党的领导,夯实组织基础。

坚持政府主导,增强社会合力。

坚持精准扶贫,提高扶贫成效。

坚持保护生态,实现绿色发展。

坚持群众主体,激发内生动力。

坚持因地制宜,创新体制机制。

## （五）六大看点

**看点一：贫困县"摘帽不摘政策"**

抓紧制定严格、规范、透明的国家扶贫开发工作重点县退出标准、程序、核查办法。重点县退出，由县提出申请，市（地）初审，省级审定，报国务院扶贫开发领导小组备案。重点县退出后，在攻坚期内国家原有扶贫政策保持不变，抓紧制定攻坚期后国家帮扶政策。

**看点二：建档立卡贫困户孩子上高中、中职免学杂费**

普及高中阶段教育，率先从建档立卡的家庭经济困难学生实施普通高中免除学杂费、中等职业教育免除学杂费，让未升入普通高中的初中毕业生都能接受中等职业教育。加强有专业特色并适应市场需求的中等职业学校建设，提高中等职业教育国家助学金资助标准。

**看点三：贫困人口全部纳入重特大疾病救助范围**

新型农村合作医疗和大病保险制度对贫困人口实行政策倾斜，门诊统筹率先覆盖所有贫困地区，降低贫困人口大病费用实际支出，对新型农村合作医疗和大病保险支付后自负费用仍有困难的，加大医疗救助、临时救助、慈善救助等帮扶力度，将贫困人口全部纳入重特大疾病救助范围，使贫困人口大病医治得到有效保障。

**看点四：加大"互联网+"扶贫**

实施电商扶贫工程。加快贫困地区物流配送体系建设，支持邮政、供销合作等系统在贫困乡村建立服务网点。支持电商企业拓展农村业务，加强贫困地区农产品网上销售平台建设。加强贫困地区农村电商人才培训。对贫困家庭开设网店给予网络资费补助、小额信贷等支持。

**看点五：加大财政扶贫投入力度**

中央财政继续加大对贫困地区的转移支付力度，中央财政专项扶贫资金规模实现较大幅度增长，一般性转移支付资金、各类涉及民生的专项转移支付资金和中央预算内投资进一步向贫困地区和贫困人口倾斜。加大中央集中彩票公益金对扶贫的支持力度。农业综合开发、农村综合改革转移支付等涉农资金要明确一定比例用于贫困村。各部门安排的各项惠民政策、项目和工程，要最大限度地向贫困地区、贫困村、贫困人口倾斜。

**看点六：国开行、农发行设立扶贫金融事业部**

国家开发银行、中国农业发展银行分别设立扶贫金融事业部，依法享受税收优惠。中国农业银行、邮政储蓄银行、农村信用社等金融机构要延伸服务网络，创新金融产品，增加贫困地区信贷投放。对有稳定还款来源的扶贫项目，允许采用过桥贷款方式，撬动信贷资金投入。

## 二、脱贫攻坚的中央政策解读之二 ——《国务院关于印发"十三五"脱贫攻坚规划的通知》

### （一）颁布时间

2016年11月23日（国发〔2016〕64号）。

### （二）意义与作用

"十三五"时期，是全面建成小康社会、实现第一个百年奋斗目标的决胜阶段,也是打赢脱贫攻坚战的决胜阶段。《规划》根据《中国农村扶贫开发纲要(2011—2020年)》《中共中央国务院关于打赢脱贫攻坚战的决定》和《中华人民共和国国民经济和社会发展第十三个五年规划纲要》编制,主要阐明"十三五"时期国家脱贫攻坚总体思路、基本目标、主要任务和重大举措,是指导各地脱贫攻坚工作的行动指南,是各有关方面制定相关扶贫专项规划的重要依据。规划范围包括14个集中连片特困地区的片区县、片区外国家扶贫开发工作重点县,以及建档立卡贫困村和建档立卡贫困户。

### (三)"十三五"贫困地区发展和贫困人口脱贫主要指标

表 1-1

| 指　　标 | 2015年 | 2020年 | 属性 | 数据来源 |
|---|---|---|---|---|
| 建档立卡贫困人口（万人） | 5630 | 实现脱贫 | 约束性 | 国务院扶贫办 |
| 建档立卡贫困村（万个） | 12.8 | 0 | 约束性 | 国务院扶贫办 |
| 贫困县（个） | 832 | 0 | 约束性 | 国务院扶贫办 |
| 实施易地扶贫搬迁贫困人口（万人） | — | 981 | 约束性 | 国家发展改革委、国务院扶贫办 |
| 贫困地区农民人均可支配收入增速（%） | 11.7 | 年均增速高于全国平均水平 | 预期性 | 国家统计局 |
| 贫困地区农村集中供水率（%） | 75 | ≥83 | 预期性 | 水利部 |
| 建档立卡贫困户存量危房改造率（%） | — | 近100 | 约束性 | 住房城乡建设部、国务院扶贫办 |
| 贫困县义务教育巩固率（%） | 90 | 93 | 预期性 | 教育部 |
| 建档立卡贫困户因病致（返）贫户数（万户） | 838.5 | 基本解决 | 预期性 | 国家卫生计生委 |
| 建档立卡贫困村集体经济年收入（万元） | 2 | ≥5 | 预期性 | 国务院扶贫办 |

### (四)主要规划内容

产业发展脱贫:立足贫困地区资源禀赋,以市场为导向,充分发挥农民合作组织、龙头企业等市场主体作用,建立健全产业到户到人的精准扶持机制,每个贫困县建成一批脱贫带动能力强的特色产业,每个贫困乡、村形成特色拳头产品,贫困人口劳动技能得到提升,贫困户经营性、财产性收入稳定增加。

转移就业脱贫:加强贫困人口职业技能培训和就业服务,保障转移就业贫困人口合法权益,开展劳务协作,开展就地就近转移就业,促进已就业人口稳定就业和有序实现市民化、有劳动能力结合就业意愿未就业贫困人口实现转移就业。

易地搬迁脱贫:组织实施好易地扶贫搬迁工程,确保搬迁群众住房安全得到保障,饮水安全、出行、用电等基本生活条件得到明显改善,享有便利可及的教育、医疗等基本公共服务,迁出区生态环境得到有效治理,确保有劳动能力的贫困家庭后续发展有门路、转移就业有渠道、收入水平不断提高,实现建档立卡搬迁人口搬得出、稳得住、能脱贫。

教育扶贫:以提高贫困人口基本文化素质和贫困家庭劳动力技能为抓手,瞄准教育最薄弱领域,阻断贫困的代际传递。到2020年,贫困地区基础教育能力明显增强,职业教育体系更加完善,高等教育服务能力明显提升,教育总体质量显著提高,基本公共教育服务水平接近全国平均水平。

健康扶贫:改善贫困地区医疗卫生机构条件,提升服务能力,缩小区域间卫生资源配置差距,基本医疗保障制度进一步完善,建档立卡贫困人口大病和慢性病得到及时有效救治，就医费用个人负担大幅减轻，重大传染病和地方病得到有效控制，基本公共卫生服务实现均等化，因病致贫返贫问题得到有效解决。

生态保护扶贫：处理好生态保护与扶贫开发的关系，加强贫困地区生态环境保护与治理修复，提升贫困地区可持续发展能力。逐步扩大对贫困地区和贫困人口的生态保护补偿，增设生态公益岗位，使贫困人口通过参与生态保护实现就业脱贫。

兜底保障：统筹社会救助体系，促进扶贫开发与社会保障有效衔接，完善农村低保、特困人员救助供养等社会救助制度，健全农村"三留守"人员和残疾人关爱服务体系，实现社会保障兜底。

社会扶贫：发挥东西部扶贫协作和中央单位定点帮扶的引领示范作用，凝聚国际、国内社会各方面力量，进一步提升贫困人口帮扶精准度和帮扶效果，形成脱贫攻坚强大合力。

提升贫困地区区域发展能力：以革命老区、民族地区、边疆地区、集中连片特困地区为重点，整体规划，统筹推进，持续加大对集中连片特困地区的扶贫投入力度，切实加强交通、水利、能源等重大基础设施建设，加快解决贫困村通路、通水、通电、通网络等问题，贫困地区区域发展环境明显改善，"造血"能力显著提升，基本公共服务主要领域指标接近全国平均水平，为2020年解决区域性整体贫困问题提供有力支撑。

保障措施：将脱贫攻坚作为重大政治任务，采取超常规举措，创新体制机制，加大扶持力度，打好政策"组合拳"，强化组织实施，为脱贫攻坚提供强有力的保障。

### 三、脱贫攻坚的中央政策解读之三——《中共中央国务院关于打赢脱贫攻坚战三年行动的指导意见》

**（一）颁布时间**

2018年6月15日。

**（二）指导思想**

全面贯彻党的十九大和十九届二中、三中全会精神，以习近平新时代中国特色社会主义思想为指导，充分发挥政治优势和制度优势，坚持精准扶贫、精准脱贫基本方略，坚持中央统筹、省负总责、市县抓落实的工作机制，坚持大扶贫工作格局，坚持脱贫攻坚目标和现行扶贫标准，聚焦深度贫困地区和特殊贫困群体，突出问题导向，优化政策供给，下足"绣花功夫"，着力激发贫困人口内生动力，着力夯实贫困人口稳定脱贫基础，着力加强扶贫领域作风建设，切实提高贫困人口获得感，确保到2020年贫困地区和贫困群众同全国一道进入全面小康社会，为实施乡村振兴战略打好基础。

**（三）任务目标**

到2020年，巩固脱贫成果，通过发展生产脱贫一批，易地搬迁脱贫一批，生态补偿脱贫一批，发展教育脱贫一批，社会保障兜底一批，因地制宜综合施策，确保现行标准下农村贫困人口实现脱贫，消除绝对贫困；确保贫困县全部"摘帽"，解决区域性整体贫困。实现贫困地区农民人均可支配收入增长幅度高于全国平均水平。实现贫困地区基本公共服务主要领域指标接近全国平均水平，主要有：

贫困地区具备条件的乡镇和建制村通硬化路，贫困村全部实现通动力电，全面解决贫困人口住房和饮水安全问题，贫困村达到人居环境干净整洁的基本要求，切实解决义务教育学生因贫失学和辍学问题，基本养老保险和基本医疗保险、大病保险实现贫困人口全覆盖，最低生活保障实现应保尽保。集中连片特困地区和革命老区、民族地区、边疆地区发展环境明显改善，深度贫困地区如期完成全面脱贫任务。

### （四）脱贫攻坚战的"七个坚持"

要坚持严格执行现行扶贫标准；坚持精准扶贫、精准脱贫基本方略；坚持把提高脱贫质量放在首位；坚持扶贫同扶智相结合；坚持开发式扶贫和保障性扶贫相统筹；坚持脱贫攻坚与锤炼作风、锻炼队伍相统一；坚持调动全社会扶贫的积极性。

### （五）脱贫攻坚战的三个"进一步"

一要进一步完善顶层设计。特别是强调各项政策要聚焦深度贫困地区和特殊贫困群体，要着力改善贫困地区的发展条件，着力解决深度贫困地区群众的特殊困难，着力加大对深度贫困地区各项政策的倾斜力度。

二要进一步强化政策措施。要从10个方面强化各项到村到户到人的精准帮扶举措：加大产业扶贫力度，全力推进就业扶贫，深入推动易地扶贫搬迁，加强生态扶贫，着力实施教育脱贫攻坚行动，深入实施健康扶贫工程，加快推进农村危房改造，强化综合性保障扶贫，开展贫困残疾人脱贫行动，开展扶贫扶志行动。要从4个方面加快补齐贫困地区基础设施的短板：即加快实施交通扶贫行动，大力推进水利扶贫行动，大力实施电力和网络扶贫行动，大力推进贫困地区农村人居环境整治。

三要进一步加强统筹协调。要加强和改善党对脱贫攻坚工作的领导，加强财政、金融、土地、人才和科技等各个方面的支撑保障，动员全社会力量合力攻坚。

**（六）脱贫攻坚战的三个"着力点"**

着力激发贫困人口内生动力。当前，我国的扶贫工作主要以党委政府主导、扶贫干部帮扶为主，一些贫困户最关心的问题是"政府能给我多少钱"，而不是"我该怎么做才能脱贫"，贫困群众内生动力明显不足。要结合树立脱贫致富典型等工作，通过组织开展贫困村民喜闻乐见的文体活动、传统节庆等，形成良好的社会氛围，把贫困文化及相对应的认知观念、行为习惯揭露出来，让村民在集体活动中认识并反思贫困文化，进而逐步形成否定和摆脱贫困文化的意识和行为。

着力夯实贫困人口稳定脱贫基础。针对不同类型的返贫问题，建立与返贫类型相衔接的社会保障制度和专项社会救助制度，要把防止返贫作为一项系统工程统筹谋划，因地制宜，建立自然、经济、社会之间的良性循环机制。

着力加强扶贫领域作风建设。抓好扶贫领域的作风建设是巩固已有成果、更好落实扶贫政策的重要保障。面对新形势、新任务，帮扶干部要转变工作方式，带着感情帮扶，把群众的事情当作自己的事情，才能把贫困户的心焐热，把他们的内生动力激发出来。要把作风建设作为脱贫攻坚的重点，扶真贫，真扶贫，以更为扎实、更为过硬的工作作风投入新的扶贫战斗中去。

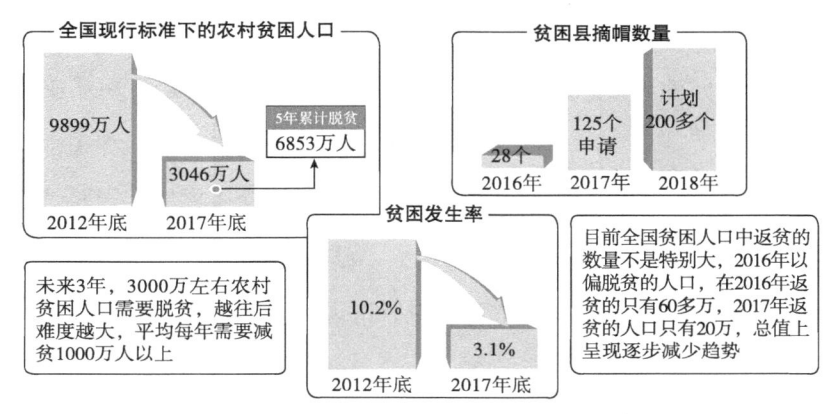

全国现行标准下的农村贫困人口
9899万人 2012年底
3046万人 2017年底
5年累计脱贫 6853万人

未来3年，3000万左右农村贫困人口需要脱贫，越往后难度越大，平均每年需要减贫1000万人以上

贫困县摘帽数量
28个 2016年
125个申请 2017年
计划200多个 2018年

贫困发生率
10.2% 2012年底
3.1% 2017年底

目前全国贫困人口中返贫的数量不是特别大，2016年以偏脱贫的人口，在2016年返贫的只有60多万，2017年返贫的人口只有20万，总值上呈现逐步减少趋势

图 1-1　2012 年以来的脱贫成绩与未来三年脱贫任务

## 四、打赢脱贫攻坚战——习近平总书记怎么说

### （一）决胜脱贫攻坚，共享全面小康

我们的人民热爱生活，期盼有更好的教育、更稳定的工作、更满意的收入、更可靠的社会保障、更高水平的医疗卫生服务、更舒适的居住条件、更优美的环境，期盼孩子们能成长得更好、工作得更好、生活得更好。人民对美好生活的向往，就是我们的奋斗目标。人世间的一切幸福都需要靠辛勤的劳动来创造。我们的责任，就是要团结带领全党全国各族人民，继续解放思想，坚持改革开放，不断解放和发展社会生产力，努力解决群众的生产生活困难，坚定不移走共同富裕的道路。

——《人民对美好生活的向往，就是我们的奋斗目标》（2012 年 11 月 15 日）

当前脱贫攻坚既面临一些多年未解决的深层次矛盾和问题，也面临不少新情况、新挑战。脱贫攻坚已经到了啃硬骨头、攻坚拔寨的冲刺阶段，所面对的都是贫中之贫、困中之困，采用常规思路和办法、按部就班推进难以完成任务，必须以更大的决心、更明确的思路、更精准的举措和超常规的力度，众志成城实现脱贫攻坚目标。

——《在中央扶贫开发工作会议上的讲话》（2015年11月27日）

精准脱贫是我在党的十九大报告中提出的三大攻坚战中对全面建成小康社会最具有决定性意义的攻坚战。现在离全面建成小康社会就剩下三年时间了。全面小康目标能否如期实现，关键取决于脱贫攻坚战能否打赢。没有农村人口全部脱贫，就没有全面建成小康社会，这个底线任务不能打任何折扣，我们党向人民做出的承诺不能打任何折扣。

——《在中央农村工作会议上的讲话》（2017年12月28日）

## （二）坚持党的领导，强化组织保证

越是进行脱贫攻坚战，越是要加强和改善党的领导。脱贫攻坚战考验着我们的精神状态、干事能力、工作作风，既要运筹帷幄，也要冲锋陷阵。各级党委和政府必须坚定信心、勇于担当，把脱贫职责扛在肩上，把脱贫任务抓在手上，拿出"敢教日月换新天"的气概，鼓起"不破楼兰终不还"的劲头，攻坚克难，乘势前进。

——《在中央扶贫开发工作会议上的讲话》（2015年11月27日）

要加强贫困村"两委"建设。"帮钱帮物，不如帮助建个好支部"。要深入推进抓党建促脱贫攻坚工作，选好配强村"两委"班子，培养农村致富带头人，促进乡村本土人才回流，打造一支"不走的扶贫工作队。"要充实一线扶贫工作队伍，发挥贫困村第一书记和驻村工作队作用，在实战中培养锻炼干部，打造一支能征善战的干部队伍。农村干部在村里，脸朝黄土背朝天，工作很辛苦，对他们要加倍关心。

——《在十八届中央政治局第三十九次集体学习时的讲话》（2017年2月21日）

坚持党的领导，强化组织保证。脱贫攻坚，加强领导是根本。必须坚持发挥各级党委总揽全局、协调各方的作用，落实脱贫攻坚"一把手"负责制，省、市、县、乡、村五级书记一起抓，为脱贫攻坚提供坚强政治保证。

——《在打好精准脱贫攻坚战座谈会上的讲话》（2018年2月12日）

## （三）坚持精准方略，提高脱贫实效

扶贫开发贵在精准，重在精准，成败之举在于精准。各地都要在扶持对象精准、项目安排精准、资金使用精准、措施到户精准、因村派人（第一书记）精准、脱贫成效精准上想办法、出实招、见真效。要坚持因人因地施策，因贫困原因施策，因贫困类型施策，区别不同情况，做到对症下药、精准滴灌、靶向治疗，不搞大水漫灌、走马观花、大而化之。要因地制宜研究实施"四个一批"的扶贫攻坚行动计划，即通过扶持生产和就业发展一批，通过移民搬迁安置一批，通过低保政策兜底一批，通过医疗救助扶持一批，实现贫困人口精准脱贫。

——《在部分省区市扶贫攻坚与"十三五"时期经济社会发展座谈会上的讲话》（2015年6月18日）

脱贫攻坚工作要做实,必须把贫困识别、建档立卡工作做实。要紧盯扶贫对象,实行动态管理,应该退出的及时销号,符合条件的及时纳入,定期开展"回头看"活动,既不要漏掉真正的贫困人口,也不能把非贫困人口纳入扶贫对象。帮扶措施一定要实,因地制宜、因人因户施策,找准症结把准脉,开对药方拔"穷根"。

——《在东西部扶贫协作座谈会上的讲话》(2016年7月20日)

坚持精准方略,提高脱贫实效。脱贫攻坚,精准是要义。必须坚持精准扶贫、精准脱贫,坚持扶持对象精准、项目安排精准、资金使用精准、措施到户精准、因村派人(第一书记)精准、脱贫成效精准"六个精准",解决好扶持谁、谁来扶、怎么扶、如何退问题,不搞大水漫灌,不搞手榴弹炸跳蚤,因村因户因人施策,对症下药、精准滴灌、靶向治疗,扶贫扶到点上扶到根上。

——《在打好精准脱贫攻坚战座谈会上的讲话》(2018年2月12日)

## (四)坚持加大投入,强化资金支持

扶贫资金是贫困群众的"救命钱",一分一厘都不能乱花,更容不得动手脚、玩猫腻!要加强扶贫资金阳光化管理,加强审计监管,集中整治和查处扶贫领域的职务犯罪,对挤占挪用、层层截留、虚报冒领、挥霍浪费扶贫资金的,要从严惩处!

——《在中央扶贫开发工作会议上的讲话》(2015年11月27日)

坚持加大投入,强化资金支持。脱贫攻坚,资金投入是保障。必须坚持发挥政府投入主体和主导作用,增加金融资金对脱贫攻坚的投放，发挥资本市场支持贫困地区发展作用，吸引社会资金广泛参与脱贫攻坚，形成脱贫攻坚资金多渠道、多样化投入。

——《在打好精准脱贫攻坚战座谈会上的讲话》（2018年2月12日）

### （五）坚持社会动员，凝聚各方力量

各方参与是合力，坚持专项扶贫、行业扶贫、社会扶贫等多方力量有机结合的"三位一体"大扶贫格局，发挥各方面积极性。

——《在十八届中央政治局第三十九次集体学习时的讲话》（2017年2月21日）

坚持社会动员，凝聚各方力量。脱贫攻坚，各方参与是合力。必须坚持充分发挥政府和社会两方面力量作用，构建专项扶贫、行业扶贫、社会扶贫互为补充的大扶贫格局，调动各方面积极性，引领市场、社会协同发力，形成全社会广泛参与脱贫攻坚格局。

——《在打好精准脱贫攻坚战座谈会上的讲话》（2018年2月12日）

### （六）坚持从严要求，促进真抓实干

从脱贫攻坚工作看，形式主义、官僚主义、弄虚作假、急躁和厌战情绪以及消极腐败现象仍然存在，有的还很严重，影响脱贫攻坚有效推进。脱贫攻坚工作直接面向贫困地区和贫困群众，直接同人民群众打交道，暴露出来的作风和腐败问题群众感受最直接、反应最强烈。这些问题，

——《在打好精准脱贫攻坚战座谈会上的讲话》（2018年2月12日）

我已经对此敲过警钟了,今天再敲敲"法槌",希望引起大家高度警觉。

从严从实是要领,坚持从严要求,促进真抓实干。脱贫攻坚,从严从实是要领。必须坚持把全面从严治党要求贯穿脱贫攻坚工作全过程和各环节,实施经常性的督查巡查和最严格的考核评估,确保脱贫过程扎实、脱贫结果真实,使脱贫攻坚成效经得起实践和历史检验。

——《在打好精准脱贫攻坚战座谈会上的讲话》(2018年2月12日)

## (七)坚持群众主体,激发内生动力

群众参与是基础,脱贫攻坚必须依靠人民群众,组织和支持贫困群众自力更生,发挥人民群众主动性。

——《在十八届中央政治局第三十九次集体学习时的讲话》(2017年2月21日)

幸福不会从天降。好日子是干出来的。脱贫致富终究要靠贫困群众用自己的辛勤劳动来实现。要尊重扶贫对象主体地位,各类扶贫项目和扶贫活动都要紧紧围绕贫困群众需求来进行,支持贫困群众探索创新扶贫方式方法。上级部门要深入贫困群众,问需于民、问计于民,不要坐在办公室里拍脑袋、瞎指挥。贫困群众需要的项目往往没有扶持政策,而明眼人都知道不行的项目却被当作任务必须完成。这种状况必须改变。要重视发挥广大基层干部群众的首创精神,支持他们积极探索,为他们创造八仙过海、各显神通的环境和条件。

——《在中央扶贫开发工作会议上的讲话》(2015年11月27日)

# 第二章

## 全面打赢脱贫攻坚战的"陕西实践"

确保到2020年所有贫困地区和贫困人口一道迈入全面小康社会，是我们党做出的庄严承诺。党的十九大报告开宗明义，吹响了"决胜全面建成小康社会"的冲锋号，提出"坚决打赢脱贫攻坚战"，确保到2020年我国现行标准下农村贫困人口实现脱贫，贫困县全部"摘帽"。陕西作为国家扶贫开发的重点省份，其贫困面大、贫困人口多、贫困程度深，脱贫攻坚任务尤为重大。

由于地理环境限制和历史原因，国家确定的11个集中连片特困地区涉及陕西的有秦巴山、六盘山、吕梁山三大国家片区，共覆盖43个县区；陕西共有国家扶贫重点工作县50个（与片区县交叉重叠37个）。截至2018年6月30日，全省共有56个国定贫困县（区、市），建档立卡贫困村7040个，核定2016年建档立卡贫困人口78.3万户、228.7万人。

经过六年（2013—2018年）的减贫工作，陕西稳定推进脱贫攻坚的长效机制基本形成，常态化下的脱贫攻坚工作稳步健康推进。但是，脱贫攻坚也面临不少新情况、新挑战。党的十九大提出的乡村振兴战略给陕西农村发展带来了极大机遇，陕西要积极对接国家战略需求，紧抓国家政策利好，整合社会各方资源，促进农业供给侧结构性改革和"三变"改革，增强产业竞争力，实现稳定、可持续脱贫和发展。

## 一、陕西脱贫攻坚的重要举措

陕西省在设立省脱贫攻坚领导小组的同时，专门成立了脱贫攻坚日常工作指挥部，下设产业、健康等八个行业扶贫办公室和资金保障、基础设施建设、督察考核组三个协调组，建立了省、市、县三级"一部八办三组"指挥体系。截至2018年11月，全省已完成党政领导干部培训3万人次、扶贫系统干部3.6万人次、行业部门干部29万人次、帮扶干部12.6万人次、贫困村干部17.37万人次。因人因户精准施策，确定剩余贫困人口中产业扶持对象57.9万户，就业创业扶持对象43.1万户，生态补偿对象38.6万户，易地扶贫搬迁对象8.4万户，危房改造对象0.4万户，医疗救助对象44.2万户，教育资助对象23.9万户，兜底保障对象29.4万户。开展脱贫攻坚三年滚动规划和建档立卡信息"两完善"工作，对问题信息再次核实。

### （一）发挥资源优势，建立"3+X"帮扶体系

组织93家省属国企和驻陕央企，形成覆盖9个市的"合力团"。组织省内103所高校与96个涉贫县结对开展结对帮扶，建成产学研示范基地或落地实体项目111个，培训培养骨干教师、医生护士、农技人员和新型农民等2万多人。组织86家三级医院对口帮扶贫困县110家县级医院，218家二级医院对口帮扶1634个乡镇卫生院，

各乡镇卫生院对口帮扶6120个贫困村卫生室，实现医疗机构对口帮扶全覆盖，贫困人口县域内就诊率达85%以上。深入推进"万企帮万村"，共组织3578家民营企业帮扶4371个贫困村，覆盖建档立卡贫困群众44.55万人。

## （二）运用思想的力量

全省挖掘推广符合有影响、有教化的传世家训家规8.33万条，评选乡贤3.59万余名，开设道德讲堂3.65万场次，用群众身边人、身边事影响人、教育人；2.49万个村设立了红黑榜，纠正恶意分户、把负担甩给政府等问题；各村普遍成立红白理事会，1.34万个村规范红白喜事节约9000余万元；9024个村建立了"爱心超市"9526个，全省所有贫困村全都建有"爱心超市"。

## （三）产业技能培训与扶贫相结合

全省累计开展集中宣讲3.67万场，直接受众290多万人；搭建技术服务平台518个，对贫困群众进行针对性实用技术和技能培训2650多期、合计54万人次。编制了11个深度贫困县、482个深度贫困村的脱贫规划，将中省财政对深度贫困县的专项扶贫资金，每年在正常增幅基础上再提高20%，切块下达的专项资金年度增幅不低于10%，攻坚期内每个深度贫困村投入不低于500万元。2017年，11个深度贫困县投入财政专项扶贫资金22.96亿元，基础设施投资64.87亿元，启动产业建设项目600多个。

全省各级领导班子牢固树立"作风硬、脱贫赢"导向，有力保障各项工作落地落实。一是狠抓信访举报台账和综合分析。二是严格督查考核。三是交办督办违纪问题。四是从严查处腐败问题。对扶贫领域违纪违规问题发现一起、处理一起。

## 二、陕西脱贫攻坚的现状与成效

### （一）贫困人口逐年减少

党的十八大以来，以习近平同志为核心的党中央，把脱贫攻坚摆到了治国理政的重要位置，广泛凝聚社会各界力量，推进实施精准扶贫方略，2011年以来，陕西全省农村贫困人口由775万余人减少到2016年年末的228.7万人，五年累计脱贫547万人，贫困人口年均减少21.7%，贫困发生率由25.04%下降到9.45%，下降了15.59个百分点。2017年前三季度，秦巴山、六盘山、吕梁山片区县域生产总值平均增速分别达到10.2%、9.4%、9.9%，农村居民人均可支配收入分别达到7308元、6992元、7339元，区域性贫困问题正在得到有效解决。

### （二）易地扶贫搬迁扎实推进

陕西在脱贫攻坚战役中，坚持把易地扶贫搬迁作为重要抓手，严格按照"陕南加力提速，陕北加快推进，关中高点起步"的要求，充分发挥移民搬迁的民生、经济、生态等综合效益，扎实推进新一轮移民脱贫搬迁。截至2017年9月底，"十三五"易地扶贫搬迁已开工建房28万余套，涉及93.1万人，开工率93.6%；竣工17.6万套，涉及58.2万人，竣工率58.5%；入住10.9万套，35.5万人，入住率35.7%。坚持宜搬则搬、宜改则改，对搬迁意愿不强烈的危房户，实施危房改造7.6万套，已开工6.9万套，竣工5.2万套。建成社区工厂和扶贫车间260个，配套产业园区190个，实现了搬迁群众家门口就业，贫困群众住房条件实现根本改变。

**（三）产业扶贫力度加大**

建成一批特色产品加工、服务基地，提升扶贫主导产业引领能力。在渭北、陕北地区，大力推进苹果产业的西进北扩，苹果产量占全国的1/4；在秦岭北麓，推动猕猴桃南移，形成100多万亩猕猴桃产业带，猕猴桃种植面积和产量均居世界第一；在秦巴山片区，形成200多万亩茶叶产业带；在六盘山区、吕梁山区发展奶山羊和肉羊养殖业，带动集中连片特困地区上百万群众脱贫致富。将"一村一品"深度融入产业精准脱贫的各个环节，以村为单元发展形成食用菌、养蜂、马铃薯、小杂粮、苗木花卉、林下种养、特色水产等区域性、短平快"小众产业"。

打造一批优质农业龙头企业和专业合作社，提升生产经营主体带动能力。陕西在贫困地区持续推进"十百千万"工程，重点扶持培育龙头企业、农民合作社、家庭农场、种养大户，鼓励贫困户联合组建社会化服务组织，打造产业扶贫生力军。目前，全省有2万多个新型经营主体通过多种合作机制，带动全省50%的贫困人口迈向脱贫之路。

改进扶贫资金项目使用方式，提升财政金融支撑能力。陕西进一步调整优化专项资金结构，在省级农业财政专项中创设产业扶贫引导资金，重点围绕56个贫困县脱贫，采取"省定投资方向、市上统筹协调、县定具体项目、资金切块下达"的管理方式，给每个贫困县每年下达一定规模资金，专项用于产业精准扶贫工作，建立科学合理、覆盖全面、指向精准的产业扶贫资金管理和使用体系，实现建档立卡贫困人口精准获益脱贫。2016年，中省专项财政扶贫资金41.73亿元，较2015年增加40%，全省投放扶贫到户贷款32.7亿元，发放小额贷款达21亿元，带动贫困户4.1万户、14.4万人脱贫。2017年，全省产业扶贫对象39.6万户，合计124.5万人，分别占全省贫困户数和贫困人口的51%以上。新建扶贫产业园1136个，新增农业产业化龙头企业271家、农民专业合作社6067家，落地实施产业扶贫项目2950个，建设贫困村电商服务站点2280个、光伏电站4102个、旅游扶贫重点村1178个，受益贫困人口共计74万人。

### （四）多元就业扶贫格局初步形成

多渠道开展创业就业服务，提升贫困人口的持续发展能力。立足技术精准帮扶，推动"输血"向"造血"转变，是解决贫困户自我发展问题的根本之策。面对陕西确定的到2020年贫困家庭劳动力至少有1人稳定就业的目标，省委省政府强化扶持、拓宽渠道，推行实施就业扶贫工程，聚焦就业岗位开发，着力促进贫困劳动力就业。陕西深入实施国家新型职业农民培育工程，将培训任务重点向贫困村、易地搬迁安置区倾斜，依托农广校、农业园区、合作社和龙头企业，加快培育贫困地区新型职业农民队伍。建立市、县、乡三级农技人员与贫困户结对帮扶联系机制，实行"一对一""点对点"的技术帮扶。支持在贫困村建设农民田间学校，加快培育一批懂理论、懂操作的乡土人才。2017年出台三项政策帮助贫困劳动力就近就地实现就业。一是发展社区工厂扩大就业；二是拓展公益性岗位安置贫困劳动力就业；三是培育就业扶贫基地吸纳就业。以上三项措施能够有力地帮助贫困劳动力就近就地转移就业，增加贫困人员收入。2017年，全省贫困劳动力实现转移就业36.2万人，其中公益专岗就业5.18万人、各类企业吸纳6.3万人、就地转化为生态护林员2.45万人，同时，对转移就业的贫困劳动力，给予社保补贴，每年新增的配套就业专项资金，全部用于脱贫攻坚，全省初步形成了以公益性专岗安置为牵引，国企吸纳，社区工厂和产业园区就近就便务工、劳务输出等为支撑的多元就业扶贫格局。

### （五）绿色脱贫新路径确立

陕西依托森林资源，因地制宜发展绿色富民产业，为贫困地区探索出一条以绿色产业促生态建设，以生态建设带动脱贫攻坚的绿色发展之路。自2016年起，我省在全国率先启动选聘建档立卡贫困人口担任生态护林员工作，为贫困人口开启了"生态脱贫通道"。包括为贫困人口争取到国家生态护林员指标和天然林管护资金、确保每个护林员带动一个贫困家庭脱贫，并优先安排贫困户实施退耕还林等6项措施。2.66万名贫困人口就地转化为护林员，退耕还林（草）政策受益贫困人口33.54万人，生态效益补偿政策惠及贫困人口53.34万人。

### （六）教育扶贫持续推进

扶贫必扶智。陕西通过提高补助标准、完善资助政策体系，已在全省范围内建立起各学段全覆盖、无缝衔接的家庭经济困难学生精准资助体系，实施学前一年到大学直至就业"一条龙"资助政策。加大了高校毕业生就业创业支持力度，对建档立卡家庭、低保家庭、残疾毕业生和享受国家助学贷款毕业生，发放一次性求职创业补贴。2016年，全省为1万余名建档立卡贫困家庭大学新生每人一次性精准资助5000元，为家庭经济困难毕业生发放一次性求职补贴2600余万元；2017年，对建档立卡贫困户学生实施从学前一年到大学直至就业全程全部资助，资助贫困户学生48.28万人次。

### （七）民生兜底保障不断完善

陕西因病致贫和因残致贫占到贫困人口的47%。在"断病源、斩病根"上，全省一手抓精准施治减存量，一手抓综合防控措施控增量。贫困残疾人医疗康复项目基本医疗保险报销范围由9项扩大到20项，贫困户新农合住院报销比例提高5个百分点，贫困慢性病患者提高报销比例封顶线20%以上，贫困人口大病保险首段起付线降低50%，住院治疗实行先诊疗后付费，县乡取消住院押金，省市住院押金减半。2017年，符合条件的贫困户全部纳入农村低保等制度保障范围，将全省农村低保的最低限定保障标准从每年人均3015元提高到每年人均3470元，为84.85万困难残疾人、34.52万重度残疾人及时足额发放了两项补贴，新建农村互助幸福院1000个、社区日间照料中心200个，实现了对各类兜底对象的应兜尽兜。

总体来说，陕西稳定推进脱贫攻坚的长效机制基本形成，常态化下的脱贫攻坚工作稳步健康推进。在设立省脱贫攻坚领导小组的同时，专门成立了脱贫攻坚日常工作指挥部，下设产业、健康等八个行业扶贫办公室和资金保障、基础设施建设两个协调组，建立了省、市、县三级"一部八办三组"指挥体系。截至目前，全省已完成党政领导干部培训2万人次、扶贫系统干部2.6万人次、行业部门干部25万人次、帮扶干部10.6万人次、贫困村干部11.37万人次。因人因户精准施策，确定剩余贫困人口中产业扶持对象57.9万户，就业创业扶持对象43.1万户，生态补偿对象38.6万户，易地扶贫搬迁对象8.4万户，危房改造对象0.4万户，医疗救助对象44.2万户，教育资助对象23.9万户，兜底保障对象29.4万户。开展脱贫攻坚三年滚动规划和建档立卡信息"两完善"工作，对问题信息再次核实。

充分发挥资源优势，建立"3+X"帮扶体系。组织93家省属国企和驻陕央企，形成覆盖9个市的"合力团"。组织省内103所高校与96个涉贫县结对开展结对帮扶，建成产学研示范基地或落地实体项目111个，培训培养骨干教师、医生护士、农技人员和新型农民等2万多人。组织86家三级医院对口帮扶贫困县110家县级医院，218家二级医院对口帮扶1634个乡镇卫生院，各乡镇卫生院对口帮扶6120个贫困村卫生室，实现医疗机构对口帮扶全覆盖，贫困人口县域内就诊率达85%以上。深入推进"万企帮万村"，共组织3578家民营企业帮扶4371个贫困村，覆盖建档立卡贫困群众44.55万人。

全省挖掘推广符合有影响、有教化的传世家训家规8.33万条，评选乡贤3.59万余名，开设道德讲堂3.65万场次，用群众身边人、身边事影响人、教育人；2.49万个村设立了红黑榜，纠正恶意分户、把负担甩给政府等问题；各村普遍成立红白理事会，1.34万个村规范红白喜事节约9000余万元；9024个村建立了"爱心超市"9526个，全省所有贫困村全部建有"爱心超市"。全省累计开展集中宣讲3.67万场，直接受众290多万人；搭建技术服务平台518个，对贫困群众进行针对性实用技术和技能培训2650多期，有54万人次参加了培训。编制了11个深度贫困县、482个深度贫困村的脱贫规划，将中省财政对深度贫困县的专项扶贫资金，每年在正常增幅基础上再提高20%，切块下达的专项资金年度增幅不低于10%，攻坚期内每个深度贫困村投入不低于500万元。2017年，11个深度贫困县投入财政专项扶贫资金22.96亿元，基础设施投资64.87亿元，启动产业建设项目600多个。

陕西省56个贫困县与江苏省51个县、市、区结对，11个深度贫困县全部与江苏经济强县结对，234对镇和101对村签署了合作协议。2017年江苏支援我省扶贫协作资金4.5亿元，重点支持559个协作项目建设，预计带动社会投资117亿元，覆盖建档立卡贫困人口13万人。我省组织各类专业技术人才3395人次赴江苏省参加培训，两省549名党政干部交流挂职，举办苏、陕就业扶贫招聘会，2410名贫困劳动力就业江苏。

### 三、陕西脱贫攻坚的亮点经验

#### （一）实行省、市、县三级"一部八办三组"指挥体系

把各级、各部门均纳入其中，纵向到底、横向到边，真正做到举全省之力抓脱贫攻坚。除需脱贫攻坚领导小组决策的重大事项外，指挥部还随时解决工作中遇到的具体矛盾和问题。

#### （二）建立"3+X"帮扶体系

发挥"集中力量办大事"的制度优势，着力打造以国企帮扶

"合力团"、校地帮扶"双百工程"、优质医疗资源下沉为主要内容的"3+X"帮扶体系，在破解产业扶贫、智力支持、健康扶贫等脱贫攻坚难点问题上发挥了独特作用。

**（三）构建以公益专岗为牵引的多元就业扶贫体系**

动员党政机关、事业单位将新增或补充的服务性、辅助性岗位优先用于安置贫困劳动力，特别是因病因残"无法离乡、无业可扶、无力脱贫"的特殊贫困家庭，同时综合运用国企聘用、民企吸纳、劳务输出等措施，着力推动贫困户一人就业、全家脱贫。

**（四）推行健康扶贫"两手抓"**

一手抓精准施治减存量，认真落实健康扶贫各项政策，确保贫困群众有病能医治；另一手抓综合防控抑增量，大力实施健康教育提升等"八大行动"，促进群众养成良好的卫生习惯，尽量少生病。两手齐抓、共同发力，最大限度降低贫困群众因病致贫、因病返贫的概率。

**（五）大力发展社区工厂**

坚持"移民搬迁建社区、依托社区办工厂、办好工厂促就业"，突出能人带动、基地孵化、连锁推进，切实发挥社区工厂促进贫困群众增收致富的"造血"功能，有效破解搬迁群众就业增收难题。

**（六）作风建设贯穿始终**

切实从习近平总书记梁家河七年知青岁月中汲取奋进力量，坚持用最硬的人干最硬的事，用最硬的作风打最硬的仗，"十条铁规"

开路,"八种作风"紧随,坚决克服浮漂症、虚假症、懒惰症、扯皮症,初步形成了特别顾大局、特别敢担当、特别重协作、特别能吃苦、特别讲奉献的陕西脱贫攻坚精神,有力保证了各项工作的落地落实。

## 四、脱贫攻坚中的陕西荣誉

**2016年全国脱贫攻坚奖**

**创新奖**

陈纯山 陕西省供销合作总社党组书记、主任

**2017年全国脱贫攻坚奖**

**奉献奖**

郑远元 陕西郑远元专业修脚保健服务集团有限公司董事长

刘强东 京东集团董事局主席兼首席执行官(陕西省扶贫办推荐参评并获奖)

**2018全国脱贫攻坚奖**

**组织创新奖**

陕西省汉中市镇巴县

陕西省延安市扶贫开发局

**创新奖**

张延刚　陕西省延安市宜川县云岩镇辛户村党支部书记

**奋进奖**

王喜玲(女)陕西省宝鸡市扶风县喜林苗木果蔬专业合作社负责人

# 第三章

# 陕西农村脱贫攻坚任务清单（2018—2020年）

"十三五"时期（2016—2020年）是陕西省建设"三个陕西"和全面建成小康社会的攻坚时期，是扎实推进精准扶贫、精准脱贫、消除贫困的决胜阶段。根据《中共中央国务院关于打赢脱贫攻坚战的决定》《中国农村扶贫开发纲要（2011—2020年）》《中共陕西省委关于制定陕西省国民经济和社会发展第十三个五年规划的意见》《陕西省国民经济和社会发展第十三个五年规划纲要》以及《省委省政府关于贯彻落实〈中共中央、国务院关于打赢脱贫攻坚战的决定〉的实施意见》等精神，结合陕西实际，编制本规划，主要是理清工作思路，阐明目标任务，确定工作重点，明确工作措施，推进精准扶贫、精准脱贫，推进全省农村扶贫开发工作迈上新台阶、开创新局面、实现新跨越，确保扶贫对象全部脱贫，与全国同步进入小康社会。

## 一、范围与对象

本任务清单实施范围为全省有扶贫开发任务的县（市、区），重点是国家集中连片特困地区县、国家扶贫开发工作重点县和革命老区县。扶持对象是7323个贫困村及省级标准下316.7万建档立卡贫困人口，以及因病、因灾、因残等返贫人口和按政策规定需继续扶持的已脱贫人口。

表3-1  陕西省贫困县（市、区）分类

| 国家集中连片特困地区县(43个) |
|---|
| （一）秦巴山片区（29个） |
| 西安市1个：周至县 |
| 宝鸡市1个：太白县 |
| 汉中市10个：洋县、西乡县、勉县、宁强县、略阳县、镇巴县、留坝县、佛坪县、南郑县、城固县 |
| 安康市10个：汉滨区、汉阴县、石泉县、宁陕县、紫阳县、岚皋县、镇坪县、旬阳县、白河县、平利县 |
| 商洛市7个：商州区、柞水县、镇安县、山阳县、商南县、洛南县、丹凤县 |
| （二）六盘山片区（7个） |
| 宝鸡市4个：麟游县、陇县、千阳县、扶风县 |
| 咸阳市3个：永寿县、长武县、淳化县 |
| （三）吕梁山片区（7个） |
| 榆林市7个：横山区、绥德县、米脂县、佳县、吴堡县、清涧县、子洲县 |

续表

### 国家扶贫开发工作重点县(50个)

宝鸡市3个：太白县、麟游县、陇县
咸阳市4个：永寿县、长武县、旬邑县、淳化县
铜川市3个：耀州区、印台区、宜君县
渭南市5个：澄城县、合阳县、蒲城县、白水县、富平县
延安市3个：延川县、延长县、宜川县
榆林市8个：横山区、定边县、绥德县、米脂县、佳县、清涧县、吴堡县、子洲县
汉中市8个：洋县、西乡县、勉县、宁强县、略阳县、镇巴县、留坝县、佛坪县
安康市9个：汉滨区、汉阴县、石泉县、宁陕县、紫阳县、岚皋县、镇坪县、旬阳县、白河县
商洛市7个：商州区、柞水县、镇安县、山阳县、商南县、丹凤县、洛南县

### 革命老区县(61个)

西安市1个：蓝田县
咸阳市6个：彬县、旬邑县、淳化县、三原县、泾阳县、长武县
铜川市2个：耀州区、宜君县
渭南市4个：临渭区、华州区、富平县、韩城市
延安市13个：宝塔区、安塞区、延长县、延川县、志丹县、吴起县、富县、子长县、甘泉县、宜川县、黄陵县、洛川县、黄龙县
榆林市12个：榆阳区、横山区、绥德县、吴堡县、神木县、府谷县、靖边县、定边县、米脂县、佳县、清涧县、子洲县
汉中市10个：洋县、镇巴县、西乡县、宁强县、城固县、勉县、南郑县、留坝县、佛坪县、略阳县
安康市6个：汉滨区、汉阴县、石泉县、宁陕县、紫阳县、旬阳县
商洛市7个：商州区、洛南县、商南县、丹凤县、山阳县、镇安县、柞水县

### 其他有扶贫任务的县(市、区)(19个)

西安市3个：临潼区、长安区、户县
宝鸡市7个：金台区、渭滨区、陈仓区、凤翔县、岐山县、眉县、凤县
咸阳市4个：乾县、礼泉县、武功县、兴平市
铜川市1个：王益区
渭南市3个：大荔县、潼关县、华阴市
汉中市1个：汉台区

## 二、总体思路

全面贯彻落实党的十八大和十九大精神，以习近平新时代中国特色社会主义思想为指导，认真贯彻落实习近平总书记关于脱贫攻坚的重要论述，围绕"四个全面"战略布局，牢固树立并切实贯彻创新、协调、绿色、开放、共享的发展理念，以集中连片特困地区为主战场，以建档立卡贫困村、贫困户为对象，以实现"两不愁、三保障"为基本目标，坚持片区攻坚与精准扶贫、扶贫到村与扶持到户、开发扶贫与兜底脱贫同步推进，资源开发与绿色发展统筹兼顾，创新资金投入机制，政府、市场、社会协同推进，积极构建专项扶贫、行业扶贫、社会扶贫"三位一体"大扶贫格局，有效整合配置扶贫开发资源，着力培育特色优势产业，着力增强贫困户自我发展能力，着力提升公共服务水平，不断缩小区域、城乡、群体发展差距，确保贫困地区和贫困人口与全省同步进入小康社会。

## 三、基本原则

### （一）坚持党政主导，分级负责

坚持把精准扶贫作为各级工作大局和中心工作，明确各级党委政府的扶贫主体责任，形成领导亲自部署、亲自督促、亲自检查、齐抓共管的工作机制。强化政府责任，引领市场、社会协同发力，鼓励先富帮后富，构建专项扶贫、行业扶贫、社会扶贫互为补充的大扶贫格局。夯实省、市、县各级工作责任，实行严格的扶贫开发目标责任制和考核评价制度。

**（二）坚持城乡统筹，科学发展**

推动城乡一体化发展，加快建立健全以工促农、以城带乡的长效机制，科学制定扶贫规划，合理安排产业布局，加强农村生态建设，把基础设施建设和社会事业发展重点放在贫困地区，推进城乡基本公共服务均等化，实现城乡区域创新发展、协调发展、绿色发展、开放发展、共享发展。

**（三）坚持保护生态，绿色发展**

牢固树立绿水青山就是金山银山的理念，把生态保护放在优先位置，扶贫开发不能以牺牲生态为代价，探索生态脱贫新路子，让贫困人口从生态建设与修复中得到更多实惠。推进扶贫开发与自然生态系统保护修复紧密衔接，全面提升各类自然生态系统稳定性和生态服务功能，筑牢生态安全屏障。

**（四）坚持系统谋划，精准扶贫**

按照扶持对象精准、项目安排精准、资金使用精准、措施到户精准、因村派人精准、脱贫成效精准的要求，坚持分类施策，科学谋划扶贫开发项目，实现精准扶贫到村到户到人，做到扶真贫、真扶贫。

**（五）坚持改革创新，突出重点**

突出问题导向，创新扶贫开发路径，由"大水漫灌"向"精准滴灌"转变；创新扶贫资源使用方式，由多头分散向统筹集中转变；

创新扶贫开发模式，由偏重"输血"向注重"造血"转变；创新扶贫考评体系，由侧重考核地区生产总值向重点考核脱贫成效转变；创新运作机制，积极适应经济发展新常态，构建资金投入和社会扶贫联动机制等，推进易地扶贫搬迁、产业精准扶贫、干部驻村帮扶等工作。

### （六）坚持自力更生，艰苦创业

继续推进开发式扶贫，加强引导，更新观念，充分发扬自力更生、艰苦奋斗、勤劳致富精神，充分发挥贫困地区、贫困人口发展的内生动力，注重扶贫先扶智，增强贫困人口自我发展能力，激励用发展的办法、靠自身力量摆脱贫困、奔向小康。

## 四、目标任务

总体目标：到2020年，确保在现行标准下我省316.7万建档立卡贫困人口全部实现脱贫，贫困人口收入稳步增长，年均收入增速高于全省平均水平；7323个贫困村全部退出，贫困村基础设施日趋完善，公共服务主要领域指标接近全省平均水平；56个贫困县全部"摘帽"，域内三次产业协调发展，城乡居民收入和经济发展实现同步增长，人均地区生产总值接近全省平均水平。

阶段任务：2018年，全省64.8万贫困人口脱贫，1629个贫困村退出，20个贫困县摘帽，铜川市、汉中市所辖县（区）贫困人口基本实现脱贫。2019年，全省剩余14.8万贫困人口全部脱贫，359个贫困村退出，13个贫困县"摘帽"。2020年，巩固贫困人口脱贫成果，建档立卡贫困人口实现稳定脱贫，同步全面建成小康社会。

表 3-2 "十三五"时期脱贫进度

| 内容 | 2016 年 | 2017 年 | 2018 年 | 2019 年 | 合计 |
| --- | --- | --- | --- | --- | --- |
| 贫困人口脱贫（万人） | 130 | 107 | 64.8 | 14.8 | 316.6 |
| 贫困村退出（个） | 2907 | 2428 | 1629 | 359 | 7323 |
| 贫困县摘帽（个） | 2 | 20 | 20 | 13 | 55 |

## 五、重点工程建设

"十三五"期间，按照"五个一批""六个精准"的总体要求，将脱贫攻坚与新型城镇化、新农村建设、特色产业发展结合起来，以建档立卡贫困人口为主体，以秦巴山区、六盘山区、吕梁山区和黄河沿岸土石山区、白于山区等集中连片特困地区为重点，扎实推进产业扶贫、易地搬迁扶贫、教育扶贫、转移就业扶贫、健康扶贫、兜底保障扶贫、生态保护扶贫，通过扶持生产发展一批、易地搬迁安置一批、教育扶贫脱贫一批、转移就业脱贫一批、生态补偿脱贫一批、医疗救助和政策兜底保障脱贫一批的举措，加快贫困地区和贫困群众脱贫致富的步伐，坚决打赢脱贫攻坚战。

### （一）产业扶贫工程

按照产业项目支撑、信贷资金支持、基地龙头带动、配套服务跟进的思路，坚持精准扶持到户，加快结构调整，因地制宜地发展特色优势产业。积极承接产业转移，支持劳动密集型产业、环境友

表 3-3　陕西省 2017—2019 年度贫困人口年度脱贫任务一览表

| 指标 地区 | 2017 年初 万户 | 万人 | 贫困发生率(%) | 其中：因病致贫 户数 | 占比(%) | 2018 年初 万户 | 万人 | 贫困发生率(%) | 其中：因病致贫 户数 | 占比(%) | 2019 年初 万户 | 万人 | 贫困发生率(%) | 其中：因病致贫 户数 | 占比(%) |
|---|---|---|---|---|---|---|---|---|---|---|---|---|---|---|---|
| 全省 | 78.37 | 228.78 | 9.45 | 201960 | 25.78 | 65.89 | 183.27 | 7.54 | 152626 | 23.17 | 33.79 | 77.55 | 3.18 | 63732 | 18.86 |
| 西安市 | 1.92 | 4.90 | 1.24 | 6974 | 35.81 | 1.94 | 4.87 | 1.23 | 5995 | 30.91 | 0.54 | 0.88 | 0.22 | 1213 | 22.51 |
| 铜川市 | 1.05 | 2.96 | 7.49 | 2730 | 25.97 | 0.79 | 2.08 | 4.99 | 1723 | 21.85 | 0.40 | 0.85 | 2.05 | 790 | 19.68 |
| 宝鸡市 | 5.98 | 18.46 | 10.18 | 12162 | 20.34 | 4.22 | 11.77 | 6.49 | 9086 | 21.53 | 1.86 | 3.99 | 2.2 | 3656 | 19.70 |
| 咸阳市 | 5.38 | 16.73 | 4.88 | 21830 | 40.11 | 4.22 | 12.34 | 3.6 | 15985 | 37.92 | 2.02 | 4.75 | 1.39 | 6865 | 33.95 |
| 渭南市 | 7.70 | 24.86 | 7.9 | 27674 | 35.96 | 5.54 | 16.68 | 5.29 | 18299 | 33.04 | 2.60 | 6.20 | 1.97 | 7994 | 30.80 |
| 延安市 | 2.28 | 6.18 | 4.04 | 9556 | 41.91 | 1.75 | 4.77 | 3.11 | 7373 | 42.11 | 0.55 | 1.00 | 0.66 | 2044 | 36.99 |
| 榆林市 | 9.03 | 22.90 | 7.7 | 33941 | 37.59 | 7.23 | 17.05 | 5.73 | 24677 | 34.14 | 2.69 | 5.17 | 1.74 | 7263 | 26.99 |
| 汉中市 | 14.14 | 39.33 | 13.48 | 23897 | 16.9 | 12.53 | 33.78 | 11.58 | 14858 | 11.86 | 6.83 | 15.04 | 5.15 | 6737 | 9.87 |
| 安康市 | 18.04 | 51.36 | 20.01 | 26041 | 14.44 | 16.52 | 45.39 | 17.6 | 23325 | 14.12 | 11.32 | 26.96 | 10.5 | 13232 | 11.69 |
| 商洛市 | 12.44 | 39.88 | 28.68 | 35841 | 28.87 | 10.94 | 34.04 | 24.48 | 30501 | 27.88 | 4.89 | 12.54 | 8.48 | 13770 | 28.16 |
| 韩城市 | 0.33 | 1.00 | 7.01 | 1314 | 40.07 | 0.12 | 0.27 | 1.92 | 419 | 34.49 | 0.08 | 0.14 | 1.01 | 11454 | 13.87 |
| 西咸新区 | 0.09 | 0.23 | — | — | — | 0.09 | 0.23 | — | 385 | 41.26 | 0.02 | 0.03 | — | — | 33.75 |

表 3-4 陕西省 2017—2019 年度贫困人口退出情况一览表

| 指标<br>地区 | 2017年 (万户) | 2017年 (万人) | 2018年 (万户) | 2018年 (万人) | 2018年 其中：因病致贫退出户数 | 2019年计划退出贫困人口 (万人) |
|---|---|---|---|---|---|---|
| 全省 | 13.52 | 48.89 | 31.60 | 104.47 | 60879 | 56500 |
| 西安市 | 0.03 | 0.09 | 1.38 | 3.92 | 3870 | 0 |
| 铜川市 | 0.27 | 0.93 | 0.38 | 1.22 | 741 | 5606 |
| 宝鸡市 | 1.76 | 6.67 | 2.31 | 7.6 | 4532 | 17806 |
| 咸阳市 | 1.18 | 4.48 | 2.14 | 7.39 | 6266 | 25282 |
| 渭南市 | 2.23 | 8.43 | 2.9 | 10.29 | 7955 | 31016 |
| 延安市 | 0.54 | 1.47 | 1.18 | 3.76 | 4723 | 932 |
| 榆林市 | 1.84 | 6.11+ | 4.45 | 11.69 | 11799 | 32120 |
| 汉中市 | 1.67 | 5.72 | 5.58 | 18.47 | 4341 | 118000 |
| 安康市 | 2.03 | 7.35 | 5.16 | 18.48 | 4216 | 229049 |
| 商洛市 | 1.78 | 6.92 | 6 | 21.33 | 12075 | 105189 |
| 韩城市 | 0.21 | 0.72 | 0.04 | 0.12 | 76 | — |
| 西咸新区 | — | — | — | — | 285 | — |

表3-5 陕西省2017—2019年度贫困村退出情况一览表

| 指标 地区 单位 | 2017年度 贫困村 退出个数 | 2017年度 贫困村 剩余个数 | 2017年度 贫困村 占全省比例 | 2017年度 深度贫困村 剩余个数 | 2017年度 深度贫困村 占全省比例 | 2018年度 贫困村 退出个数 | 2018年度 贫困村 剩余个数 | 2018年度 深度贫困村 占全省比例(%) | 2018年度 深度贫困村 退出个数 | 2018年度 深度贫困村 剩余个数 | 2018年度 深度贫困村 占全省比例 | 2019年度 计划退出贫困村个数 |
|---|---|---|---|---|---|---|---|---|---|---|---|---|
| 全省 | 1274 | 4961 | — | 482 | — | 3010 | 1921 | 0.00 | 54 | 428 | — | 1921 |
| 西安市 | 0 | 141 | 2.84 | 0 | 0.00 | 141 | 0 | 1.20 | 0 | 0 | 0.00 | 0 |
| 铜川市 | 44 | 109 | 2.20 | 7 | 1.45 | 86 | 23 | 2.24 | 0 | 7 | 1.64 | 23 |
| 宝鸡市 | 149 | 476 | 9.59 | 10 | 2.07 | 355 | 43 | 3.75 | 10 | 0 | 0.00 | 43 |
| 咸阳市 | 219 | 559 | 11.27 | 3 | 0.62 | 478 | 72 | 1.41 | 1 | 2 | 0.47 | 72 |
| 渭南市 | 194 | 307 | 6.19 | 6 | 1.24 | 280 | 27 | 0.00 | 3 | 3 | 0.70 | 27 |
| 延安市 | 216 | 338 | 6.81 | 0 | 0.00 | 338 | 0 | 6.98 | 0 | 0 | 0.00 | 0 |
| 榆林市 | 162 | 644 | 12.98 | 3 | 0.62 | 508 | 134 | 26.97 | 0 | 100 | 0.70 | 134 |
| 汉中市 | 105 | 862 | 17.38 | 110 | 22.82 | 344 | 518 | 43.99 | 10 | 168 | 23.36 | 518 |
| 安康市 | 124 | 855 | 17.23 | 168 | 34.85 | 79 | 845 | 13.48 | 0 | 145 | 39.25 | 845 |
| 商洛市 | 43 | 658 | 13.26 | 175 | 36.31 | 389 | 259 | 0.00 | 30 | 0 | 33.88 | 259 |
| 韩城市 | 18 | 11 | 0.22 | 0 | 0.00 | 11 | 0 | 0.00 | 0 | — | 0.00 | — |
| 西咸新区 | 0 | 1 | 0.02 | 0 | 0.00 | 1 | 0 | — | 0 | — | 0.00 | — |

表 3-6 陕西省 2017—2019 年度退出贫困县名单

| 单位 | 2017 年度（4 个） | 2018 年度（23 个） | 2019 年度拟退出（29 个） |
| --- | --- | --- | --- |
| 全 省 | — | — | — |
| 西安市 | — | 周至县 | — |
| 铜川市 | — | 宜君县 | 耀州区 印台区 |
| 宝鸡市 | — | 太白县 千阳县 扶风县 麟游县 陇县 | — |
| 咸阳市 | — | 长武县 旬邑县 淳化县 永寿县 | 白水县 |
| 渭南市 | — | 富平县 合阳县 澄城县 蒲城县 | — |
| 延安市 | 延长县 | 延川县 宜川县 | — |
| 榆林市 | 定边县 | 绥德县 米脂县 吴堡县 | 佳 县 清涧县 子洲县 |
| 汉中市 | — | 留坝县 | 南郑区 城固县 洋 县 西乡县 宁强县 勉 县 略阳县 镇巴县 |
| 安康市 | 汉滨区 紫阳县 | 镇坪县 | 汉滨区 汉阴县 石泉县 宁陕县 紫阳县 岚皋县 平利县 旬阳县 白河县 |
| 商洛市 | — | 镇安县 | 商州区 洛南县 丹凤县 商南县 山阳县 柞水县 |

第三章 陕西农村脱贫攻坚任务清单（2018-2020 年）

039

好型产业、农产品流通业向贫困地区布局,切实增强贫困地区自身"造血"能力。到2020年,确保每个贫困户至少有1项增收项目、贫困地区至少有2个至3个特色优势主导产业和名牌产品,互助资金项目村发展到3000个,争取覆盖和带动贫困村7323个,扶持带动150.35万贫困人口增收脱贫。

做强优势特色产业。制定特色产业扶贫发展规划,科学布局集中连片特困地区产业结构,培育壮大优势特色产业,推进产业发展与扶贫开发深度融合。建设一批特色产业基地,重点打造秦巴山区茶叶和生猪、六盘山区矮化苹果和"双奶源"、吕梁山区小杂粮和肉羊、白于山区高效设施农业和山地苹果、黄河沿岸土石山区红枣等特色产业板块,加快在贫困地区建立一批特色农产品原产地保护基地,培育一批知名的特色农产品优势产区,形成一批具有竞争力的特色品牌,提高农业生产效益,增强贫困地区发展的内生动力。促进主导产业转型升级。支持以县为主体建立特色产业发展基金,围绕贫困地区小麦、水稻、马铃薯、苹果、猕猴桃、肉羊、奶山羊、奶牛、茶叶等产业,集中建设产业转型升级示范县,探索产业转型升级模式。支持贫困村实施"一村一品"产业推进行动,实施"一村一品"强村富民工程,扶持建设一批贫困人口参与程度高的特色农业基地,加大特色农产品市场开拓,拉动贫困地区农民脱贫致富。

大力发展特色林业产业。支持贫困地区发展核桃、红枣、柿子、板栗、花椒等干杂果经济林产业和油茶、长柄扁桃、油用牡丹等木本油料产业,引导贫困村、贫困户建设干杂果经济林和木本油料示范基地,改造提升低产低效园。大力发展林下经济,引导贫困地区和贫困户发展林菌、林药、林禽、林畜等林地立体复合经营。

积极培育新型经营主体。加快培育新型农业经营主体，发展多种形式适度规模经营，引导新型经营主体与贫困户建立稳定的产业带动关系，发挥新型经营主体帮扶带动作用。持续实施"十百千万"工程，分类扶持专业大户、家庭农场、农民合作社、龙头企业。帮助一般农户逐步发展成种养大户或家庭农场，鼓励合作社和龙头企业与贫困户建立深度融合的利益机制，支持扩大贫困户入户入社数量，带动和帮助贫困户发展生产，发展农业经营性服务。培育壮大贫困地区专业服务公司、专业技术协会、农民经纪人等各类社会化服务主体，支持开展农机作业、技术培训、统防统治、农资配送、产品销售等低成本、便利化、全方位服务。积极推进土地流转，加快推进土地承包经营权确权登记颁证工作，鼓励土地向新型经营主体流转，努力提高集约化经营水平，维护好农民土地承包经营权、宅基地使用权、集体收益分配权等权益，确保农民分享到增值收益。

加强科技推广应用与培训。以茶叶、蚕桑、小杂粮、食用菌、中药材、魔芋、西甜瓜等特色农产品的资源开发利用为重点，加强种质资源收集与保存利用、优良品种选育与种苗繁育、生态高效种植、旱作农业技术研究，加快特色种养新品种的引进、改良，加快农业科技进村入户，帮助农民提高单产、降低成本、改善品质。强化农村实用人才培训，以生产型、经营型、技能服务型人才为重点，积极开展新型职业农民队伍建设，切实加强种养大户、家庭农场主等农村致富带头人的培育力度。实施"211"林业科技入户工程，提高贫困地区农民整体技能素质。

## （二）易地搬迁扶贫工程

按照"四化同步"和"靠近城镇、靠近园区、靠近中心村"要求，以增加贫困人口收入和改善基本生活条件为目标，坚持"政府主导、农户自愿，科学规划、精准施策，整合资源、合力推进"的原则，统筹工农业园区、重点镇建设、保障性住房、农村危房改造等工作，坚持生产与生活并重、住房建设与产业开发并举，逐户落实就业增收方案，强化搬迁户后续扶持，确保搬迁群众"搬得出、稳得住、能致富"。"十三五"期间，我省建档立卡贫困人口易地扶贫搬迁规模为125万人，主要分布在国家连片特困地区秦巴山区、吕梁山区、六盘山区和省级白于山区、黄河沿岸土石山区及其他国家扶贫开发工作重点县。

明确搬迁对象。易地扶贫搬迁对象主要是省内"一方水土养不活一方人"的建档立卡贫困人口（含国家系统数据更新后已标注脱贫，但仍无安全住房的），包括居住在环境恶劣、生态脆弱、不具备基本生产和发展条件的边远地区、高寒山区和陡坡峡谷地带的贫困户，远离集镇和交通干线，修路、通电、通水一次性投资成本过大，群众就医、小孩上学不便的自然村组和单庄独户，地裂、滑坡、崩塌、洪涝等自然灾害多发区或地方病区，无法在当地生存的贫困户，以及无劳动能力、无家庭积累、无安全住房的贫困户。

因地制宜确定安置方式。易地扶贫搬迁必须尊重群众意愿，统筹考虑当地经济社会发展条件、资源禀赋和环境承载能力，优先考虑有发展潜力、就业能力、居住安全且基础公共服务业设施基础较好的城镇、工农业产业园区和中心村，坚持集中安置与分散安置相结合，以集中安置为主。有条件的地方尽可能提高安置规模，以节约土地和基础公共服务投入。

统一建设标准。围绕改善搬迁群众生产生活条件和发展环境，建设住房和必要的附属设施；配套建设水、电、路、气、网等基本生产生活设施和教育、卫生、文化等公共服务设施；为搬迁群众就业增收配套建设产业项目等。扶贫搬迁户住房面积严格执行中央易地扶贫搬迁规定，人均不超过25平方米，要坚守底线、量力而行，防止出现因建房致贫返贫。严格依据集中安置点规模确定配套建设标准和内容。

建立和完善相关措施。贫困县实行土地增减挂钩节余指标省域内流转，资金收益全部用于贫困地区土地复垦、耕地质量提高、农村基础设施建设和扶贫产业开发，不足时新增用地指标兜底保障。加强与国家开发银行陕西省分行、中国农业发展银行陕西省分行合作，为易地扶贫搬迁提供中、长期贷款，专门用于易地扶贫搬迁住房及其配套设施、安置区（点）产业园区建设。同步规划建设特色产业园区，鼓励和引导省属大型企业生产基地、民营企业向搬迁区靠近，基础设施向搬迁区倾斜，培育安置区（点）农民合作社，实现搬迁区、城镇化区、产业园区"三区合一"，引导搬迁群众就近就业。健全搬迁对象就业、社会保障等后续发展扶持政策。

## （三）生态保护扶贫工程

以解决贫困地区群众长远生计为核心，以美丽乡村建设为切入点，以绿色城镇化发展为载体，把贫困地区生态文明建设与贫困人口脱贫致富有机结合。加大对贫困地区生态补偿支持力度，省级财政逐步增加预算安排，重点支持贫困地区生态环境保护。

加大对贫困地区退耕还林支持力度，对国家和省级贫困县25度以上坡耕地全部纳入退耕还林范围。创新生态补偿资金使用方式，优先在贫困地区加快深化生态综合补偿试点改革，让贫困地区和群众从"绿色银行"中获得更多收益。加大对重点生态功能区转移支付，扩大政策实施范围，开展生态补偿试点，科学组织实施好国家生态护林员政策，让部分有劳动能力的贫困人口就地转成生态保护人员。"十三五"期间，力争使1万名建档立卡贫困人口就地转化为护林员，实现精准脱贫。

开展再生废弃物循环利用试点，推进重点行业、重点领域、产业园区循环经济发展，形成生产发展、生活富裕、生态良好的良性循环机制，增强县域经济可持续发展能力。加强贫困地区农业面源污染防治，推进农业废弃物资源化利用。在贫困地区农村因地制宜发展可再生能源，推广高效生物质炉、发展养殖小区沼气用户、规模化大型沼气工程，着力提升农村清洁能源的使用率。

指导贫困地区开展农村环境综合整治和美丽乡村建设。支持推进宜居村创建、乡村清洁工程等，重点整治生活垃圾、生活污水、乱堆乱放、工业污染源、农业废弃物、河道塘沟，着力提升公共设施配套、绿化美化、饮用水安全保障和村庄环境管理水平，有效改善村庄环境，努力打造"山青、水净、坡绿"的美丽家园。

**（四）教育扶贫工程**

坚持以政策扶持为主导，以财政资金投入为主体，全面落实大、中、小学生的教育扶持政策，增强贫困人口自我发展能力，切实发挥教育在精准扶贫、精准脱贫中的重要作用。"十三五"期间，通过教育政策补助扶持，解决56.71万人脱贫。

实施贫困家庭就学子女资助政策。统筹实施贫困家庭在校大学生资助政策，通过发放国家助学贷款、助学金、奖学金等实现学费、生活费、住宿费补助全覆盖，精准帮扶，做好家庭经济困难毕业生就业指导服务工作。引导和鼓励学生毕业后到贫困地区就业创业和服务。稳步实施高中阶段免费教育。从2015年秋季学期起，对建档立卡的贫困家庭普通高中和中等职业学校在校生免除学费，并发放助学金生活补助。逐步分类推进中等职业教育免除学杂费。从2016秋季学期起，对全省普通高中学生免除学费。将义务教育全面纳入公共财政保障机制。统一城乡义务教育经费保障机制，到2017年，全面落实城乡义务教育"两免一补"政策。对贫困家庭寄宿生按标准补助生活费。实施好"农村义务教育学生营养改善计划"。对贫困地区不足100人的小规模学校（含教学点）按100人核定公用经费补助资金，确保学校正常运转。逐步提高学前教育财政补助标准。对贫困家庭幼儿、孤儿和残疾儿童接受学前教育进行资助。

改善贫困地区学校基本办学条件。扩大贫困地区农村学前教育资源，结合实际，加快学前教育项目建设，满足贫困家庭适龄幼儿入园需求。科学布局农村义务教育学校，改善贫困地区义务教育薄弱学校基本办学条件，保障学生就近入学需要。到2020年，使贫困地区农村学校教室、桌椅、图书、运动场等教学设施设备满足基本教学需要，宿舍、床位、厕所、食堂、饮水等基本满足生活需要；支持贫困地区城区及其新区、开发区、居民小区学校建设，有效化解入学难和大班额问题。加快贫困地区教育信息化进程，指导"三通两平台"建设，加强课程教学资源整合，推进信息技术与教育教学的融合应用。推进普通高中标准化建设，力争2020年全部达到省定标准。加强县级职教中心建设，改善办学条件。推动中等职业教育资源融合，院校布局和专业设置与经济社会需求相适应，推动建成骨干职业学校和骨干专业。

扩大高等学校招收农村学生覆盖面。积极争取国家增加我省农村贫困地区、集中连片特殊困难县和国家扶贫开发工作重点县定向招生专项计划，提高中央部门高校和地方本科一批招生学校招收我省贫困地区学生人数。实施"省属重点高校招收农村学生专项计划"和省属自主招生试点高校面向农村学生单独招生计划，使更多农村学生享受优质高等教育资源。

加强贫困地区教师队伍建设。建立省级统筹乡村教师补充机制。从2016年起，贫困地区县以下学校招聘教师全部纳入特岗教师计划，农村教育硕士师资培养计划向贫困地区倾斜并逐年增加。积极协调，争取按标准落实幼儿教师配备。巩固实施地方院校学前师范生免费教育。继续实施全科医学专业定向免费生，为农村地区培养急需的全科医生。加强贫困地区教师培训和骨干引领，推进农村学校开展校本研修，充分发挥骨干教师作用，帮扶贫困地区教师提高教育教学能力和水平。通过结对帮扶、定向扶持等方式，加大贫困地区农村教师的帮扶支持，逐步形成以县为主、辐射农村的教师和校（园）长专业发展支持服务体系。全面落实乡村教师生活补助政策。

推动贫困地区人才培养。鼓励高等学校、重点高等职业院校开设扶贫特色产业培训班,招收未考上大学的贫困家庭学生免费培训。加强对大学生村干部、第一书记、驻村工作队、村组干部和涉农系统干部队伍的培训,提高扶贫开发工作管理和服务水平。加快建设面向全省特别是贫困地区学生的公共实训基地,最大范围吸纳贫困家庭学生接受职业教育。持续加大秦巴山区、吕梁山区和六盘山区职教扶贫工作力度,建设职业教育实训基地,满足贫困地区技术技能型人才需求,提高脱贫致富能力。

**(五)健康扶贫工程**

改善贫困地区医疗卫生机构条件,提升服务能力,缩小区域间卫生资源配置差距。到2020年,贫困地区人人享有基本医疗卫生服务,农村贫困人口大病得到及时有效救治和保障,个人就医费用负担大幅减轻。县镇(乡)村医疗卫生机构标准化建设全部达标,县级医院服务能力达到二级甲等医院水平,实现小病在村镇,大病不出县,90%的病人在县域内就诊。公共卫生服务和健康促进工作全面加强,重大传染病、地方病得到有效控制,妇女、儿童健康水平不断提高,群众自我保健能力明显提升;人均期望寿命逐步提高,孕产妇死亡率、婴儿死亡率、5岁以下儿童生长迟缓率等主要健康指标达到全省平均水平。

提高贫困地区医疗保障水平。新型农村合作医疗和城乡居民大病保险制度覆盖所有贫困人口。农村特困供养人员参加新型农村合作医疗个人缴费部分财政全额资助,农村低保对象参加新型农村合作医疗个人缴费部分财政给予定额补贴。新型农村合作医疗门诊统筹覆盖所有贫困县。新型农村合作医疗和城乡居民大病保险制度对农村贫困人口实行政策倾斜,提高报销比例。扩大农村贫困残疾人基本医疗保险报销范围,在已有运动疗法等9项残疾人医疗康复项目的基础上,将康复综合评定等20项医疗康复项目纳入基本医疗保险报销范围。实行县域内农村贫困人口先诊疗后付费的结算机制,实现基本医保、大病保险、医疗救助和社会慈善救助"一站式"信息交换和即时结算服务。优先为农村贫困人口每人建立1份动态管理的电子健康档案和1张服务功能比较完善的健康卡,推动贫困家庭与乡村医生或乡镇卫生院医生签约服务,提供健康教育、预防接种等基本公共卫生和医疗服务,加强健康管理。实施贫困人口大病分类救治,需要长期治疗和健康管理的疾病,确定定点医院或基层医疗卫生机构进行治疗和健康管理。

提高医疗卫生服务能力。加强贫困地区县、乡、村三级医疗卫生服务机构标准化建设,使每个贫困县达到"三个一"目标,即每县至少有一所二级甲等的公立医院(含中医院),每个乡镇有1所政府举办的标准化乡镇卫生院,每个行政村有1个规范化卫生室。积极提升中医药服务水平,中医院要突出中医特色,加强专科建设,县医院、乡镇卫生院设立中医科,乡村医生能够运用中医药诊疗手段诊治常见病、多发病。加强贫困县远程医疗能力和信息化建设,提高医疗服务水平。紧密结合医改,三级医院推行医联体+全科医生,开展县镇一体化、村镇一体化改革,促进优质医疗资源下沉,提高资源利用率。推行分级医疗制度,实行首诊负责制和双向转诊制度,扩大服务范围,引导患者合理就诊,减轻群众负担。组织省内本级医院(含驻陕部队)和省际对口帮扶医院,与贫困县县级医院建立稳定而持续的"一对一"帮扶关系,签订《帮扶责任书》,

明确目标任务。帮扶双方建立远程医疗平台，开展远程诊疗服务。

加强贫困地区医疗卫生人才队伍建设。为贫困地区县乡医疗卫生机构订单定向免费培养医学类本科生。支持贫困地区实施全科医生和专科医生特设岗位计划。制定符合基层实际的人才招聘引进方案，赋予贫困县一定的自主招聘权，落实医疗卫生机构用人自主权。继续实施"农村基层人才振兴计划"、为县及县以下医疗机构定向招聘万名医学类本科生计划，加快人员招聘引进步伐，解决农村基层医疗卫生专业人员短缺问题。住院医师规范化培训、骨干医师等培训计划向贫困地区倾斜，加强县镇医疗卫生机构专业人员培训，提高技术水平。加强乡村医生队伍建设，落实乡村医生报酬待遇，提高补助标准，支持和引导符合条件的贫困地区的乡村医生按规定参加城镇职工基本养老保险。

加强疾病预防控制和公共卫生。全面落实12大类45项国家基本公共卫生服务项目，确保农村贫困人口免费享受国家基本公共卫生服务。落实6种重点传染病专病专防策略和地方病综合防控措施，有效控制传染病、地方病。加强原发性高血压、Ⅱ型糖尿病等慢性病和严重精神障碍患者的管理工作，提高管理干预水平。将孕产妇系统保健免费基本服务项目覆盖到所有贫困县，继续实施农村孕产妇住院分娩补助、农村妇女"两癌"检查，全面实施贫困儿童营养改善项目。加强优生优育工作，全面落实开展贫困地区新生儿疾病筛查服务，大力推进出生缺陷综合防治，提高出生人口素质。全面实施一对夫妇可生育两个孩子的政策，优化计划生育服务管理。落实计划生育"失独"家庭一次性补助金、父母扶助金政策，全面落实"失独"家庭养老、保险、医疗、丧葬等救助政策。深入开展爱国卫生运动，加强卫生创建活动。实施"将健康融入所有政策"策略，组织开展健康教育促进县区创建活动和健康教育进学校、进机关活动，广泛传播健康教育知识，加强健康生活方式指导培训，提高贫困群众自我保健能力。

**（六）兜底保障扶贫工程**

对贫困人口中完全或部分丧失劳动能力的特殊贫困群体，各相关部门要制定个性化扶持措施，提高补助标准，实施精准兜底脱贫。引导农村贫困人口积极参保续保城乡居民基本养老保险，实现农村低保标准与扶贫标准"两线合一"。

建立留守儿童、妇女、老人和残疾人关爱服务体系，对贫困老年人按规定发放基本养老金和高龄老人生活补贴，符合条件的集中供养。对符合条件的残疾人发放残疾人专项补贴、享受有关扶持政策。符合条件的贫困群众全部纳入农村最低生活保障和农村特困人员供养范围。积极争取贫困群众在养老保险、医疗保险、五保供养、农村低保、新农合、社会救助和慈善事业等方面得到全面兜底保障，统筹解决因病因灾返贫等特殊贫困群众的救济救助问题。

到2020年，对建档立卡贫困家庭中丧失劳动力，缺乏自我发展能力，无法通过生产扶持、就业发展、搬迁安置和其他措施脱贫的家庭，符合条件的按程序审核审批后纳入农村低保保障范围，给予兜底保障。

# 第四章

## 晒晒陕西产业扶贫"大礼包"

产业扶贫是扶贫开发工作的核心和关键,是解决贫困地区和贫困人口生存发展的根本手段,是实现稳定脱贫的必由之路和根本之策。随着扶贫领域投入力度的不断加大,贫困地区基础设施和公共服务设施逐步健全完善,但产业发展基础还比较薄弱,对贫困地区和贫困群众的支撑带动作用还有待进一步提高。陕西认真选准选好扶贫产业。贫困村发展扶贫产业按照全省"3+X"产业布局,在精而不在多,主要是发挥特色优势,聚焦扶贫,研判市场,紧扣消费者对优质农产品的需求,促进本地资源与市场需求紧密结合。强化扶贫主体培育。具备条件的地方要继续实施"十百千万"工程,基础薄弱的地方更要积极通过培育合作社等措施提高组织化程度,通过农村集体产权制度改革等,使贫困群众获得更多资产收益。与此同时,陕西着力完善利益联结机制。解决对一些贫困户简单"一股了之、一合了之"等问题,提升带贫益贫质量和水平。陕西产业扶贫扎实推进"六个覆盖",即对有劳动力的贫困家庭做到长短结合的产业项目覆盖、经营主体联结覆盖、技术服务覆盖、资金扶持覆盖、扶志动员覆盖、干部帮扶覆盖。相关部门持续精准用力，使产业扶贫既有量的突破也有质的提升。

## 一、产业扶贫的重要性

习近平总书记指出："全面建成小康社会，最艰巨最繁重的任务在农村，特别是在贫困地区。没有农村的小康，特别是没有贫困地区的小康，就没有全面建成小康社会。"产业扶贫是新阶段扶贫开发的重点，是实现精准扶贫的重要举措，我们要充分认识产业扶贫的重要地位，进一步强化紧迫感、责任感。充分认清产业扶贫的地位和作用，强化"务必作为"的责任意识。产业是强县之本、致富之源、脱贫之基。

产业是一个区域经济发展的"发动机"。产业是增收致富的"摇钱树"。贫困农民要实现脱贫致富，重要的就是要因地制宜地发展特色产业，栽下产业这棵"摇钱树"，使收入可持续增长。

产业是精准扶贫的"铁抓手"。坚持开发式扶贫方针，以项目扶持为主要手段，与贫困识别结果相衔接，因人制宜、因户施法，是实现"精准扶贫""精准脱贫"最有力的抓手。

要按照习近平总书记的要求，把抓扶贫开发工作作为重大任务。贫困地区各级领导干部更要心无旁骛、聚精会神抓好这项工作，团结带领广大群众通过顽强奋斗早日改变面貌。我们有很多地方、部门面对困难、问题，能充分发挥主观能动性，大胆探索实践，做成规模，做出成绩，积累了宝贵经验，为我们推进工作提供了方法借鉴。

第一，要有探索、实践的责任担当。在产业和产业扶贫搞得好的地方，其共同的经验就是：有敢想敢干、真想真干的明白人。

第二，要有引领、约束的长远规划。引领，就是要真正发挥规划的方向标作用，通过规划引领发展方向、引领资源整合、引领实施过程。约束，就是要真正发挥规划的律令作用，规划了的事不仅要干，而且还要坚持干好。

第三，要有因地制宜的措施、办法。要着眼资源和地方特色，实事求是，因地制宜，不搞"一刀切"，不搞形式主义，创造了很多实在、管用的好办法，我们要认真学习借鉴。

第四，要有重在持续的耐力、韧劲，明确产业扶贫的措施办法，抓住"大有作为"的难得机遇。

总之，要着眼长远谋奔康，通过融入大产业格局，让贫困户真正通过产业发展脱贫。产业扶贫让百姓拥有更多"获得感"需着眼基层实际，因地制宜。产业兴旺是解决贫困地区脱贫致富的不竭动力。因此，贫困地区要因地制宜选择适合当地发展的产业，保证贫困群众持续增加收入，早日脱贫奔小康。

## 二、陕西省产业扶贫"28条"

产业扶贫项目是指使用财政专项扶贫资金进行扶持、补助和贴息的，能带动贫困户增收的生产发展项目。具体包括：贫困户生产发展项目、产业化扶贫项目、科技扶贫项目和信贷扶贫项目。

为深入贯彻落实省委、省政府《贯彻落实中共中央国务院关于打赢脱贫攻坚战决定的实施意见》（陕发〔2015〕20号）精神，进一步加大农业产业精准扶贫力度，大力发展多元富民产业，培育与贫困户建立利益联结机制的市场经营主体，千方百计增加贫困地区农民收入，加快贫困地区脱贫致富步伐，确保至2020年集中连片特困地区贫困户全面脱贫，农民收入达到全省平均水平，并且形成每村1—2个农业主导产业，每个贫困家庭掌握1—2门生产技术的良好局面，特制定以下四个方面28条政策措施。

### （一）打造优势产业，推动农业产业精准发展

1. 制定农业产业扶贫发展规划，科学布局集中连片特困地区产业结构，支持发展优势主导产业。

2. 加大对贫困地区的项目倾斜支持力度，优化调整农业专项资金，确保每年投向连片特困地区的项目和资金增长幅度不低于全省平均水平。

3. 支持商洛开展市专项资金切块下达试点，主要建设秦岭生态农业示范市。总规模不少于6000万元，由商洛市自主安排项目。

4. 支持秦巴山区发展茶业特色产业带280万亩，主要建设陕茶繁育推广示范区，无性系茶苗繁育基地及标准化茶园。建设认定省级标准化茶园150个以上，每园核心区500亩以上，辐射带动周边2000亩以上。

5. 支持秦巴山区发展汉江、丹江猕猴桃基地50万亩，以城固、勉县为重点，扩大种植规模。加强果树苗木繁育基地建设与管理，提高种苗质量。

6. 支持吕梁山区贫困县建设陕北小杂粮、马铃薯等产业基地，形成一县一业发展格局，打造有机农业生产基地。

7. 支持六盘山区建设矮化栽培示范基地，建设矮化栽培典型，

推进区域布局调整，加快果业转型升级。发展矮化栽培20万亩，提升果品质量安全。加强果树苗木繁育基地建设与管理，提高种苗质量。创新果业经营模式，支持果品精深加工，建设一批线上线下结合的果品品牌店，打造陕果品牌。

8. 支持六盘山区发展奶牛、奶山羊、布尔山羊、肉牛规模养殖，建设一批标准化养殖场、家庭牧场和种畜禽场，加快品种改良。

9. 支持秦巴山区10个生猪基地县发展生猪规模养殖，建设标准化规模养殖场和家庭牧场，发展生猪200万头。

10. 支持吕梁山区发展白绒山羊和肉羊规模养殖，加快畜牧业发展方式转型升级，努力打造陕北800万只肉羊产业带。

11. 支持吕梁山区清涧、绥德、子洲、米脂等县，白于山区吴起、志丹、安塞、子长等县发展山地苹果。

12. 支持秦巴山区大力发展设施蔬菜和高山蔬菜，在秦岭高海拔地区建设30个以上的高山优质蔬菜基地，每个基地规模不低于4000亩。推进标准化生产和技术创新，建设重点县和基地县，提升冬春反季节菜的自给能力，保障大中城市供给。

13. 支持贫困村实施"一村一品"产业推进行动。坚持"重心在村镇、基础在产业"，实施"一村一品"强村富民工程，扶持引导贫困地区农户发展葡萄、魔芋、冬枣、大樱桃、西甜瓜、食用菌等区域优势特色产业，建设一批贫困人口参与度高的特色农业基地，加大特色农产品市场开拓，拉动贫困地区农民脱贫致富。发展100个茶叶、生猪、魔芋、蚕桑、肉羊、奶畜、食用菌、苹果、猕猴桃、蔬菜等区域特色产业专业村，使1000个贫困户通过发展特色产业实现脱贫致富。

## （二）培育新型经营主体，推动农产品精准增效

14. 加快发展具有较强引领作用的农业龙头企业。引导龙头企业向贫困地区聚集，重点发展设施蔬菜、畜禽养殖、花卉、食用菌等优势特色产业基地和劳动密集型加工业，为贫困地区农民群众提供就近就业平台，增加农民工资收入。

15. 鼓励引进、培育壮大一批精深加工企业，推动粮食向主食加工拓展、果品向果饮果脯拓展、蔬菜向净菜加工拓展、乳业向奶粉和奶酪拓展、茶叶向红茶和黑茶拓展，大力开发马铃薯主食产品、休闲食品，延伸产业链，提高附加值，带动贫困村粮、畜、果、菜、茶等产业的深度开发。

16. 支持贫困地区南郑、城固、西乡、紫阳、商南、周至、陇县、千阳八个县开展农业主导产业转型升级示范。其中，支持六盘山区陇县开展奶山羊产业转型升级示范县建设，千阳县开展苹果产业转型升级示范县建设；支持秦巴山区南郑县开展水稻转型升级示范县建设，西乡、紫阳、商南三县开展茶叶转型升级示范县建设，周至县、城固县两县开展猕猴桃产业转型升级示范县建设；每县整合投入不少于1000万元，促进示范县农产品生产、加工物流、市场营销等一、二、三产业融合发展。

17. 支持贫困县实施"十百千万"工程和"4+1"培育机制，开展农民专业合作社提升行动，解决合作社在生产经营、加工储运、市场营销等方面的困难，提高贫困户在产业发展中的组织化程度。支持合作社扩大贫困户入社数量，指导扶持资金形成的资产量化到成员账户，让贫困户社员在产业增收的同时，获取合作社盈余返还，

增加财产性收入。

18. 支持贫困地区发展一批家庭农场，鼓励采取参股、合作等方式，与贫困户建立紧密型利益联结关系，支持农民合作社协同专业服务公司、专业技术协会、涉农企业等为贫困户生产经营提供低成本、便利化、全方位的服务，鼓励合作社围绕优势特色产业发展农产品精深加工，延长产业链条，创建优势品牌，建设储藏保鲜和冷链物流系统，让贫困地区农民充分享受到加工、流通领域的收益。

19. 加快推进现代农业园区建设。注重发挥现代农业园区引领功能，在各级现代农业园区项目认定时，积极向集中连片特困地区倾斜，支持在移民搬迁中心社区周边及农村人口密集的地方，建设现代农业园区，新认定不少于10个，提质增效不少于15个，并引导园区经营者与贫困户建立利益联结机制，发展农产品加工业，吸纳更多的劳动力在园区就业。将扶持带动贫困人口增产增收列入扶贫类园区重要考核指标之一，对成效突出的园区优先安排提质增效项目予以支持。

20. 支持贫困地区大力发展以农家乐为主的休闲观光农业。开展休闲农业品牌化示范化创建活动，在贫困地区及革命老区扶持发展以农家乐、红色旅游、美丽乡村游、特色名居游和休闲农业等为主的休闲观光农业，每年新增不少于10个休闲农业示范点，培育一批具有较强市场竞争力的休闲农业知名品牌，拓展农业多种功能。

21. 强化农民培训指导。以贫困地区为重点，以贫困村种养大户、家庭农场骨干等为重点培育对象，依托农广校、农业园区、合作社和龙头企业，认定一批市县实训基地，加快培养新型职业农民队伍，提高贫困地区农民整体技能素质。重点实施职业农民培育整省推进工程，按中省1∶1比例配套落实省级专项资金，发挥秦巴山区安康、商洛两市职业农民培育整市推进的辐射带动作用，扩大吕梁山区乃至陕北地区职业农民培育整体推进范围，开展职业农民专业培训和技能提升，加大农业科技普及，提高贫困地区农民整体技能素质。

### （三）改善设施条件，推动农业产能精准提升

22. 加强贫困地区农业面源污染防治，推进农业废弃物资源化利用。抓好贫困地区生猪养殖区域划定工作，禁养区3年内全部退出。在贫困地区农村因地制宜发展可再生能源，推广高效生物质炉、发展养殖小区沼气用户、规模化大型沼气工程，着力提升农村清洁能源的使用率。

23. 指导扶持贫困地区开展农村环境综合整治和美丽乡村建设，支持推进宜居村创建、乡村清洁工程等示范，建设一批生产、生活、生态协调发展的宜居村。

24. 积极配合有关部门，在六盘山区、吕梁山区开展退耕还林还草、退牧还草、草原生态保护等生态综合补偿试点工作。积极推进粮改饲试验示范，发展青贮玉米和苜蓿等优质饲草，促进现代饲草产业体系建设。

### （四）强化"两联一包"，推动社会扶贫工作精准落实

25. 继续抓好"两联一包"及驻村联户扶贫工作，支持新一轮16名驻村工作队员，遵循"产业扶贫、项目带动"扶贫理念，帮扶8个贫困村发展特色产业。

26. 继续支持宜川县开展省级农业专项资金整合试点，每年切块下达农业专项资金不少于2000万元，重点支持标准果园建设、养羊示范园区、玉米高产创建、果品冷藏库等12类项目建设。

27. 继续将宜川县列入全省10个肉羊发展重点县，支持南部养殖业快速起步，计划到2017年羊存栏达到10万只。除省级专项资金外，驻村帮扶工作队将围绕涉及民生事项开展帮扶。

28. 多方努力争取项目资金，帮助解决8个自然村人畜饮水困难问题，落实新建苹果幼园500亩，栽植新品种核桃300亩，引导组建贫困户参与的农民专业合作社。

### 三、陕西省产业扶贫新模式

#### （一）特色主导

做强优势特色产业，制定特色产业扶贫发展规划，科学布局集中连片特困地区产业结构，培育壮大优势特色产业，推进产业发展与扶贫开发深度融合。建设一批特色产业基地，重点打造秦巴山区茶叶和生猪、六盘山区矮化苹果和"双奶源"、吕梁山区小杂粮和肉羊、白于山区高效设施农业和山地苹果、黄河沿岸土石山区红枣等特色产业板块。加快在贫困地区建立一批特色农产品原产地保护基地，培育一批知名的特色农产品优势产区，形成一批具有竞争力的特色品牌，提高农业生产效益，增强贫困地区发展的内生动力。促进主导产业转型升级。支持以县为主体建立特色产业发展基金，围绕贫困地区小麦、水稻、马铃薯、苹果、猕猴桃、肉羊、奶山羊、奶牛、茶叶等产业，集中建设产业转型升级示范县，探索产业转型升级模式。支持贫困村实施"一村一品"产业推进行动,实施"一村一品"强村富民工程,扶持建设一批贫困人口参与程度高的特色农业基地,加大特色农产品市场开拓,拉动贫困地区农民脱贫致富。

大力发展特色林业产业。支持贫困地区发展核桃、红枣、柿子、板栗、花椒等干杂果经济林产业和油茶、长柄扁桃、油用牡丹等木本油料产业,引导贫困村、贫困户建设干杂果经济林和木本油料示范基地,改造提升低产低效园。大力发展林下经济,引导贫困地区和贫困户发展林菌、林药、林禽、林畜等林地立体复合经营。

积极培育新型经营主体。加快培育新型农业经营主体,发展多种形式适度规模经营,引导新型经营主体与贫困户建立稳定的产业带动关系,发挥新型经营主体帮扶带动作用。持续实施"十百千万"工程,分类扶持专业大户、家庭农场、农民合作社、龙头企业。帮助一般农户逐步发展成种养大户或家庭农场,鼓励合作社和龙头企业与贫困户建立深度融合的利益机制,支持扩大贫困户入户入社数量,带动和帮助贫困户发展生产,发展农业经营性服务。培育壮大贫困地区专业服务公司、专业技术协会、农民经纪人等各类社会化服务主体,支持开展农机作业、技术培训、统防统治、农资配送、产品销售等低成本、便利化、全方位服务。积极推进土地流转,加快推进土地承包经营权确权登记颁证工作,鼓励土地向新型经营主体流转,努力提高集约化经营水平,维护好农民土地承包经营权、宅基地使用权、集体收益分配权等权益,确保农民分享到增值收益。发挥园区示范引领作用,积极配合移民搬迁和城镇化进程,围绕特色产业基地、移民搬迁点、农村中心社区,支持龙头企业、合作社牵头引领创办现代农业园区,重点发展设施蔬菜、畜禽养殖、花卉、食用菌等优势特色产业和劳动密集型加工业，引领带动区域产业发展。

加强科技推广应用与培训。以茶叶、蚕桑、小杂粮、食用菌、中药材、魔芋、西甜瓜等特色农产品的资源开发利用为重点，加强种质资源收集与保存利用、优良品种选育与种苗繁育、生态高效种植、旱作农业技术研究，加快特色种养新品种的引进、改良，加快农业科技进村入户，帮助农民提高单产、降低成本、改善品质。强化农村实用人才培训，以生产型、经营型、技能服务型人才为重点，积极开展新型职业农民队伍建设，切实加强种养大户、家庭农场主等农村致富带头人的培育力度。实施"211"林业科技入户工程，提高贫困地区农民整体技能素质。

## （二）"政府 + 供销社 + 龙头企业 + 合作社 + 贫困户"

建立经济组织与贫困户的利益联结机制，采取市场化方式聚集资本、人才和技术，做大做强优势农业龙头企业和农民合作社，带动贫困户脱贫致富。通过政府推动、市场运作、依托龙头，推行"政府 + 供销社 + 龙头企业 + 合作社 + 贫困户"的扶贫模式，发展区域优势特色产业，注重可持续发展，注重扶贫资金保值增值，提高经济效益，带动贫困户增收。加大产业培育扶持和就业帮助力度，因地制宜发展贫困人口参与度高的区域特色产业，带动更多贫困群众发展生产和务工就业。坚持、省、市、县联动，省级统筹、市县组织、贫困户参与，先行先试，取得经验，全面推广。积极推进"企业担保、贫困户贷款、扶贫贴息"参股融资模式，以及奶牛托养、股份养羊、联户养鸡等新模式，实现贫困户增收脱贫。

### (三)"农业+X"产业融合扶贫

1."农业+旅游"扶贫

因地制宜发展乡村旅游。发挥乡村旅游对贫困地区脱贫致富带动作用,培育发展农业旅游、生态旅游、民俗旅游、红色旅游、文化旅游、休闲旅游。以贫困县中具备乡村旅游条件的行政村为重点,优先推进建档立卡贫困村开展乡村旅游扶贫试点,并以村为单位建立观测点开展旅游扶贫效果监测。在全面总结第一、第二批旅游示范县创建经验的基础上,积极开展第三批省级旅游示范县创建工作。切实抓好秦巴山区、六盘山区、吕梁山区旅游重点项目,建立合理的利益分配机制,使开发企业和当地农民实现双赢。积极支持文化旅游名镇建设工作,加快旅游名镇建设步伐。加强旅游与农业的融合,大力支持贫困地区依托休闲观光农业发展农家乐。

通过农高会、丝路大会、西洽会等知名会展,积极展示贫困地区旅游业发展成果。采取拍摄乡村旅游宣传片,制作乡村旅游路线、地图、指南等方式,不断提升乡村旅游的知名度和影响力。设立培训基地、签订培训项目委托协议书、组建人才师资库、建立教学小分队等,多措并举,扎实抓好乡村旅游人才培养。

2."农业+光伏"扶贫

"十三五"期间,我省将进一步扩大光伏扶贫实施范围,细化光伏扶贫项目清单和需求测算,多渠道争取支持,扩大光伏扶贫项目资金来源。光照资源条件较好的县区,统筹考虑建档立卡贫困村和贫困户发展光伏发电总规模需求,结合电力负荷及电网建设现状,编制光伏扶贫实施方案,分年度逐步实施。统筹扶贫政策、光伏发电政策及相关税收、价格、金融及电网服务政策，采用市场化运作方式，大力推进光伏扶贫工程。鼓励各类社会资本通过捐赠、参股、投资等多种方式，积极参与光伏扶贫工程建设。充分尊重纳入光伏扶贫贫困村和贫困户的意愿，建立贫困村和贫困户自愿申报、乡镇审核、区县审批制度和光伏扶贫收益、监督管理机制，确保收益分配公开、公平、公正，保证建档立卡贫困户受益。

3."农业+电商"扶贫

将农村电子商务作为精准扶贫的重要载体，积极推进农村电子商务发展。依托知名电子商务交易平台，针对贫困地区农特产品进行整体包装、营销推广和交易服务，组织农业企业、农村经纪人、种植大户、农业团体依托平台开展产业化经营，打造陕西农产品电子商务品牌。支持建设运营淘宝网、1号店、顺风优选、京东商城县级特产馆，支持在我省农村建设"产地直供""产地直发"的电商基地，打造陕西土特产农产品网上集散地。积极培育和扶持一批农村电商龙头企业，大力推销地方农特产品，带动贫困地区农业产业化和农民增收。

全方位开展电子商务知识技能培训。充分利用各部门、各院校、各行业组织和各企业的智力资源，按需求，多形式、分层次开展精准化专项培训，提高贫困地区政企管理人员、广大创业者和贫困群体的认识水平和业务能力，缓解人才不足的问题，促进创业就业。针对农村贫困群体、残疾人开展免费培训、创业孵化、合作对接和就业推荐，全方位、全流程帮助贫困群体、残疾人开展电子商务知识培训，创造便利的创业条件。

图 4-1　产业扶贫

# 第五章

# 易地扶贫搬迁这些事，你不能不知道

易地扶贫搬迁是脱贫攻坚的"头号工程"和"标志性工程"，是"五个一批"中最难啃的"硬骨头"，也是成果最明显、根治最彻底、功效最长远的脱贫措施。习近平同志指出，移民搬迁是脱贫攻坚的一种有效方式。要总结推广典型经验，把移民搬迁脱贫工作做好。努力改善移民搬迁群众的生产生活条件，不仅关系到移民搬迁群众能否顺利实现精准扶贫与精准脱贫、过上好日子，而且能对改变移民搬迁群众几代人的命运产生深远影响。

脱贫攻坚战打响以来，陕西认真贯彻落实习近平总书记关于脱贫攻坚重要论述和中央脱贫攻坚决策部署，按照省委、省政府要求，把易地扶贫搬迁作为全省国土资源系统的头等大事、最大政治任务、第一民生工程来抓，在精准对标国家政策、着眼"稳得住、能脱贫"、创新探索示范带动和脱贫举措扎实有效等方面进行了一系列有益的探索和实践。围绕"顺应规律、系统谋划、四化同步、统筹推进、一举多赢"的战略决策，精准落实中省政策部署。坚持"搬迁是手段、脱贫是目的、就业是核心、产业是根本"，以及"先业后搬、以业促搬、以岗定搬、订单搬迁，人、地、房、业精准对接"的工作理念。在部署安排上，践行精准搬迁、精确施策、精细管理的"三精"管理模式，做到了"搬前精心谋、搬中抓配套、搬后快速跟"。在推动落实中，实行了"三份协议一次签、三项规划一体编、三类建设协调推、三就措施配套跟、三方力量同发力"的"五个三"工作法。在示范引领中，出台了"双示范"社区创建的实施方案和评选标准，研发了涵盖省、市、县三级的信息管理平台，走在了全省脱贫攻坚信息化工作前列。另外，开展了整村整组搬迁和建设用地增减挂钩"双试点"活动等，进一步巩固脱贫成果，助推乡村振兴。

## 一、对象怎么定

### （一）哪些属于易地扶贫搬迁对象

一是居住在环境恶劣、生态脆弱、不具备基本生产和发展条件、"一方水土养不活一方人"的边远地区、高寒山区和陡坡峡谷地带的农户。

二是远离集镇和交通干线，修路、通电、通水一次性投资成本过大，群众就医、小孩上学不便的自然村组和单庄独户。

三是地裂、滑坡、崩塌、洪涝等地质灾害多发区或地方病区，无法在当地生存的农户。

四是无劳动能力、无家庭积累、无安全住房的农户。

### （二）易地移民搬迁的对象类型

按照"统一规划、统筹安排，共建共享基础设施，集中提供公共服务，分类享受相关政策，区别标准组织考核验收"的原则，统筹扶贫、避灾、生态及其他类型搬迁。

1. 扶贫搬迁　指建档立卡贫困户中需易地搬迁的农村人口。

2. 避灾搬迁　主要指生活在工程措施难以有效消除灾害隐患的地质灾害隐患点、山洪灾害频发和采煤塌陷区农村人口(简称：地灾户、洪灾户、采煤塌陷户)。

3. 生态搬迁　主要指生活在省级以上自然保护区的核心区和缓冲区、生态环境脆弱区内，对生态环境影响较大的农村人口，包括自然保护区和生态脆弱区两类。

4. 其他搬迁　主要指国家及省级公路、铁路、水利等重点工程建设涉及的搬迁群众；以及城镇化和镇村综合改革等涉及的需搬迁的农村人口。

### （三）移民搬迁对象怎么识别

扶贫搬迁对象由省扶贫办提供精准到户名册。避灾、生态搬迁按照户申请、组评议、村级初审、公开，镇(街)复审、公示，县(区)审定、公告的程序，广泛接受社会监督，公开透明、公平公正，精准识别，逐户签订搬迁协议，从严、从实确定搬迁规模，对象识别完成后，市级汇总报省移民(脱贫)搬迁领导小组办公室会同省级相关部门核定。

1. 量化贫困标准，强化精准识别。采取定量指标、定性研判与民主评议相结合的办法，把好群众申请关、入户调查关、民主评议关、公示监督关、确认审核关，确保识别过程公开透明、公平公正。要防止简单地按建档立卡贫困户数逐年平均分摊指标、优亲厚友讲人情、投机分户套取补助等问题，确保惠民政策落实到户、精准到人。

2.制订轮候计划，精确搬迁时序。搬迁的目的在于脱贫，易地搬迁并非"一搬就富"的灵丹妙药，贫困户搬迁后至少需要一两年的时间立足巩固。因此，应根据搬迁对象贫困程度、自我发展潜能、资源承载能力等不同因素，算好脱贫提前量，按照特困户、受灾户、危居户等最紧迫的户优先搬迁、基础条件相对较好的次之的办法，实施综合评估，区分轻重缓急，制订到户的搬迁轮候计划，梯次推进，有条不紊。

3.注重系统谋划，统筹协调推进。搬迁中必须将贫困户脱贫与当地地区的经济社会发展、生态文明建设和特色产业培育统筹考虑、系统谋划，切忌在一片"低个子"中拉出"最矮"以提高平均身高的简单做法。在确保完成扶贫搬迁、如期实现脱贫的基础上，有筹资能力的地方，要充分考虑生活在这些地区群众受灾害威胁、生态环境影响、部分搬迁出现空心化引起非贫困户致贫等问题，按照"统一规划、统筹安排，共建共享基础设施、集中提供公共服务、分别享受相关政策、依据各自标准考核验收"的思路，统筹扶贫、避灾、生态等各类搬迁，实现扶贫搬迁与其他类型搬迁的协同推进、相互带动、和谐"共振"。

## 二、人往何处搬

### （一）怎样科学选址

统筹考虑安置点的立地条件、资源禀赋、发展潜力、就业创业空间及生产生活是否方便等问题。要坚决避开自然灾害易发多发区、生态脆弱敏感区等不宜居住区；把浅山川道、公路沿线、中心村、城镇近郊等发展条件好、基础设施公共服务相对完备的地方，以及现代农业园区、工业园区、旅游景区等产业园区周边便于群众就业的区域，作为规划集中安置点的优先选择。

### （二）如何分类引导

切实把群众情况摸清摸准，把工作做细做实，采取因地制宜、一户一法的安置方式，将搬迁群众安置到与个人愿望相结合、与自己谋生能力相适应的地方。比如，短期以耕种为主的群众，可就近在中心村安置；引导有一技之长、适宜从事二、三产业的群众，进入集镇或规划的农村新型社区安置；鼓励具有稳定就业、适应能力强的群众到城镇安置。

## 三、资金怎么用

### （一）移民搬迁筹资渠道有哪些

1. 扶贫搬迁筹资渠道。按照《陕西省"十三五"易地扶贫搬迁工作实施方案》确定的标准和《陕西省"十三五"易地扶贫搬迁筹融资工作方案》确定的筹资渠道，由省财政厅、省扶贫办、省发展改革委、省国土资源厅具体制定筹集、拨付、使用管理办法。

2.避灾、生态搬迁筹资渠道。地灾、洪灾、生态和责任主体灭失的采煤塌陷区搬迁安置建房补助资金，通过争取中央财政补助、省级财政直接投入或整合专项资金以及市县财政分担等渠道筹集。具体资金筹集、管理、拨付、使用以及各级财政承担比例等由省财政厅、省国土资源厅另行制定办法。

3.其他搬迁筹资渠道。责任主体明确的采煤塌陷区安置建房补助资金，采取政府组织、企业投入、村组集体经济组织补助和农户自筹相结合的办法筹措。具体资金管理办法由各市确定。

工程移民搬迁安置建房补助资金，按工程建设单位与拆迁户签订的协议，由建房户从建房补偿中自筹；城镇化建设和镇村综合改革涉及的搬迁建房补助资金，采取市、县(区)财政补助、整合相关城镇化建设资金、土地增减挂钩政策收益等办法筹集；对纳入全省移民(脱贫)搬迁规划实施同步搬迁的，市、县政府可根据实际需要，按照省农发行相关金融支持政策，申请贷款资金。

（二）如何更好地管理使用资金？

1.省级统筹，把权责夯实到县。在资金运行上，为防止层层拨转、家家剥皮，造成层漏，加大资金运行成本，建议由省级政府将资金直接划拨到县，由县级做好资金整合与项目统筹，合理安排使用。省级主要做好资金筹集，制定分配使用基本原则；考核使用绩效，市级着重做好日常监管。特别要注意的是，有能力统筹、同步推进其他类型搬迁的地方，一定要做好扶贫搬迁资金与其他类型搬迁资金的"物理"隔离，严防扶贫搬迁资金被侵占。

2. 切好"蛋糕"，把钱用在"刀刃"上。坚持保基本重长远，合理安排建房资金、产业扶持资金、基础设施和公共服务配套资金三者之间的分配比例。建房补助资金标准，在省域范围内保持基本平衡；到县一级按家庭人口等制定差异化、阶梯式补助标准，杜绝到户资金搞"大锅饭"、平均主义；产业扶持资金，要充分发挥引领撬动作用，引导社会资本广泛参与，切勿让政府唱"独角戏"；基础设施建设和公共服务配套资金，立足现有基础、着眼未来需求，查漏补缺、合理安排，要区分基本与非基本公共服务，广泛吸引社会资本参与，避免"非公共服务政府大包大揽"。

3. 整合资源，搞好项目资金统筹。由市、县政府将相关涉农资金、专项资金、社会捐赠资金等予以整合，统筹使用，提高资金使用效益，避免分散投入、各搞一套，特别是要将在迁出地计划建设的基础和公共服务实施项目，及时调整到迁入地，避免资源浪费。同步开展非扶贫移民搬迁的集中安置点，公共设施及配套建设项目，主要通过整合涉农资金、专项资金、社会资本和政府自筹等予以解决。

4. 强化监管，念好监督"紧箍咒"。实行脱贫资金专户储存、专户管理、专款专用、单独核算、封闭运行，避免管理"多张皮"造成的资金安全风险。主动公开资金运行情况，项目实施后，广泛采取各种有效形式，对项目情况、资金收支、受益对象、受益标准等进行公示、公告，接受群众和社会的监督。加大常态化监管力度，强化风险识别和防范，及时纠错纠偏，防止跑冒滴漏，对挤占挪用、层层截留、虚报冒领、挥霍浪费扶贫资金的，不论原因，不讲条件，一律从严从重惩处，确保一分一厘都不乱花。

## 四、土地怎么管

### （一）搬迁用地"应保尽保"

凡是脱贫攻坚用地，坚决做到应保尽保、有用即保、不打折扣。首先，充分挖掘存量用地潜力。经历多轮撤村并镇后，农村有大量的闲置、低效用地，优先使用这些存量用地既可提高建设用地效率，又可大幅节约用地成本。其次，用好增减挂钩政策，将城乡建设用地增减挂钩指标向异地扶贫搬迁重点区域倾斜，节余指标由国土资源部门组织流转，资金收益全部用于异地搬迁住房建设、产业发展等。最后，通过上述方法不能保障的，坚持"需要多少，安排多少"的原则安排新增用地，并按成本价划拨使用，相关费用列入扶贫资金大盘子，最大限度地降低建房成本；同时，建立绿色通道，简化程序，由省级国土资源部门直接审批。

### （二）土地利用要"节约集约"

安置建房要严格依据地方宅基地用地标准，无特殊情况不得突破，在充分尊重群众意愿的前提下，可将主要从事二、三产业的搬迁户实行楼房化安置。迁入区基础设施、公共服务配套等以满足搬迁群众基本需要为标准，杜绝把移民搬迁工程做成"面子工程"，搞宽马路、大广场、大花园等不切实际的铺张浪费和贪大求洋。

## （三）用地审批要"细分类别"

搬迁建设用地管理、审批应做到因地制宜、因事而异。搬迁安置在本行政村内的，分散安置建房，按宅基地管理权限进行审批，颁发宅基使用权证；集中安置建房，按集体建设用地审批权限，审批房屋、基础设施和公共服务设施建设用地，颁发集体建设用地使用权证。搬迁安置跨行政村的，分散安置的，按照集体建设用地管理权限，审批宅基地，并颁发集体建设用地使用权证；集中安置的，按国有建设用地管理权限，审批房屋、基础设施和公共服务设施建设用地，颁发国有建设用地使用权证。

## （四）宅基地要"占新腾旧"

按照《土地管理法》的规定，异地搬迁中，政府无偿提供安置房建设用地的，待安置房建成后，原宅基地应退回农村集体经济组织或收归国有；对进城落户等未无偿提供宅基地的，采取自愿有偿的办法进行腾退。农村宅基地严格按照一户一宅、一宅一证、建新腾旧，先腾退后兑付补助的办法，加快旧宅腾退。地灾、洪灾、采煤塌陷区搬迁户，做到即建即搬即拆，其他安置对象过渡期不超过三年。腾退的宅基地按照"宜耕则耕、宜林则林、宜草则草"的原则，进行复垦或还林还草。

## 五、安置怎么搞

### （一）易地扶贫搬迁采取哪几种安置方式？有什么具体要求？

统筹考虑当地经济社会发展、资源禀赋和承载能力，优先考虑有园区和产业基础，遵循"三靠近"（城镇、园区、中心村）原则确定安置点，按照群众自愿原则确定安置方式。安置方式分为集中安置和分散安置两种。

1. 集中安置

以市为单位，集中安置率原则上关中不得低于90%、陕北不得低于85%、陕南不得低于80%。

（1）进城入镇 以市为单位，陕南地区城镇安置率不得低于60%，其他地区不得低于65%。优先在市、县（区）、镇（街）规划区内，建设集中安置社区。打通农民进城落户鼓励政策、商品房"去库存"政策与移民搬迁政策，充分盘活利用存量现房（具体办法由省住建厅会同国土资源厅另行制定）。结合省级重点镇、文化旅游名镇建设，做好搬迁群众安置，实现小城镇建设与移民搬迁相互促进。进城入镇安置户一律按集中安置对待，执行集中安置建房补助，纳入集中安置考核范围。

（2）产业园区安置 产业园区安置是依托产业园区建设集中安置社区，使搬迁对象就近就业。

（3）中心村安置 中心村安置是依托靠近交通要道、具有产业发展基础和条件的中心村，引导本行政村内搬迁对象就近集中安置，依托中心村庄和已建集中安置点续建安置。在中心村庄、已建安置点建设安置房，新老住户总数达到一定规模的，视为集中安置。

（4）新建农村新型社区 结合镇村综合改革，利用撤乡并镇后的空闲用地规划建设中心社区；结合村庄综合整治、传统村落保护提升，跨村、组联合建设集中安置社区；依托各类产业园区、景区等产业基础较好的地区，建设新型农村特色社区。新建农村新型社区执行镇村改革相关规定。

（5）乡村旅游区安置　主要立足关中、陕南、陕北不同的人文自然特点，因地制宜打造一批乡村旅游景区或旅游重点村，引导搬迁对象适度集中居住。

（6）跨区域集中安置　对环境承载差、资源支撑弱、需要实施人口减量的县区或县域交界区，稳妥推进跨镇、跨县安置(具体办法由各市人民政府另行制定，报省移民办备案)。

2.分散安置

不具备集中安置条件的搬迁户，可采取分散安置的方式，分散安置主要包括插花安置、进城务工和投亲靠友、省域内跨区安置等形式。在有一定集聚规模、基础及公共服务设施条件好、有增收致富条件的地方进行分散安置。各市应结合实际，制定分散安置规范管理办法。

### （二）易地扶贫搬迁的建设标准是什么？

（1）面积要适当　扶贫搬迁户住房面积严格执行中央易地扶贫搬迁规定，人均不超过25平方米，避免面积过大、标准过高增加负担甚至负债，反而因搬致贫；对其他类型搬迁户，允许有需求且有一定经济能力的适当放宽标准，自主选择户型和房屋面积，如特困户的"交钥匙"工程，原则每户不超过60平方米；对家庭人口在3人以上的，县区政府按照人均25平方米的标准，从实确定，但最大不超过100平方米。避灾、生态及其他类型的搬迁户，在严格执行省定宅基地面积标准及建房补助标准不变的前提下，由搬迁对象根据家庭经济状况，坚持实用够用，合理确定住房面积。

（2）质量要保证　突出建房安全和技术指导，组织技术单位编制搬迁房设计图集，供群众选择。尊重搬迁群众意愿，由群众自己选择是自主建房还是政府组织统规统建。自主建房的，由政府组织技术人员，开展技术指导；统规统建的，按照现行工程项目管理规定，在政府全面监管的同时，组织搬迁群众参与日常施工监督，强化质量监管，杜绝"豆腐渣"工程。

（3）体现民俗特色　搬迁建房要结合地域文化传统和居民生产生活习惯，突出实用功能定位，彰显本土建筑风格，拒绝千篇一律，更要防止盲目地贴瓷片、做面子，把乡村建得不城不乡、不土不洋。要尊重自然，保护生态，结合美丽乡村建设，打造依山顺势、融山水为一体的特色民居。

### （三）搬迁安置点建设的配套设施有哪些？

要以满足搬迁群众的基本生产、生活需求为目标，以安全、实用、够用为原则，根据安置点既有基础及公共服务设施情况，"缺啥补啥""哪里缺补哪里"，不搞"另起炉灶"、避免贪大求全。围绕改善搬迁群众生产生活条件和发展环境，建设住房和必要的附属设施；水、电、路、气、网等基本生产生活设施；完善安置点的基本公共服务功能，配套建设教育、卫生、文化等公共服务设施；为搬迁群众就业增收配套建设的产业项目等。对安置区的各类配套项目，要严格落实工程"五制"要求，把质量放在首位，切实把好事办好。

### (四)易地扶贫搬迁的安置房补助标准是多少?

坚持"同类对象标准相同"的原则,分类确定到户安置建房补助标准。同一对象属多种类型的搬迁户,就高不就低,只享受一项补助政策。各市应结合实际,制定具体的到户到人补助办法,报省国土资源厅备案。

(1)扶贫搬迁建房补助标准。按照省扶贫办、省发改委印发的《陕西省"十三五"易地扶贫搬迁工作实施方案》(陕扶办发〔2016〕17号)执行。

(2)生态、地灾、洪涝和责任人灭失的采煤塌陷区建房补助标准。集中安置的,每户补助4.5万元,选择高层、小高层、多层进行楼房化安置的,每户再给予0.5万元的奖励性补助;在农村分散安置的,每户补助3万元。

(3)其他搬迁建房补助标准。对重点镇、文化旅游名镇、特色小镇、中心村庄、新型农村社区建设等涉及的搬迁,由各市、县(区)政府依据财力状况,自行确定具体补助标准。

# 第六章

## 图解陕西的生态扶贫

纵观人类的发展史，就是一部人与自然的关系史。2017年5月26日，习近平总书记在主持中共中央政治局第四十一次集体学习时强调，人因自然而生，人与自然是一种共生关系，对自然的伤害最终会伤及人类自身。只有尊重自然规律，才能有效防止在开发利用自然上走弯路。

生态扶贫是指在脱贫攻坚中不能以牺牲生态环境为代价，相反要努力促进生态环境的可持续发展。大部分贫困地区都处于生态脆弱地区，自然资源的匮乏使之贫上加贫。因此，我们在扶贫工作中，应该重视对生态环境的保护，努力把良好的生态环境转化为贫困人口的经济收入，实现绿色减贫。在生态扶贫框架下，要综合考虑主体功能区规划与集中连片特困地区的扶贫攻坚规划，按照重点发展区、农业发展区、生态保护区等不同类别，从上到下明确具体的工作目标与重点，制定生态扶贫规划，明确时间表、路线图和任务书，遵循自然法则、生命原理、人性要求三者的和谐统一，促进精准扶贫工作的顺利展开。

生态扶贫秉持生态建设和扶贫开发、生态恢复和脱贫致富的理念,将产业化和生态化相融合,改变依靠破坏自然环境为主的生产方式,从根本上解决贫困区域人口、生存和生态环境之间的对立问题,从而为贫困劳动力提供就业与创业机会,提高其经济收益。生态扶贫是将生态环境合理开发保护与经济平稳快速发展相结合,通过对贫困地区的自然环境情况与经济发展水平进行精确定位,做到有的放矢,进而推动贫困地区绿色发展与经济社会协调发展的可持续性扶贫模式。

地区贫困是生态环境脆弱的产物,生态环境是产业发展的载体,产业发展同时反作用于生态环境建设。从发展角度来看,积极推进产业发展是实现脱贫的路径之一,但产业发展选择应遵循绿色发展理念。生态产业建设有利于脱贫,生态扶贫则有利于促进产业结构优化调整,实现生态产业与生态环境协调关系。

生态扶贫的实施,可处理好经济社会发展与生态环境保护的关系;处理好生态保护与居民富裕的关系;处理好外在帮扶与内生发展的关系;处理好短期减贫与巩固脱贫的关系;处理好重点突破与全面推进的关系。生态扶贫聚焦变"输血式"为"造血式",变"大水漫灌"为"精准滴灌",可实现脱贫攻坚与生态文明建设的"双赢"。

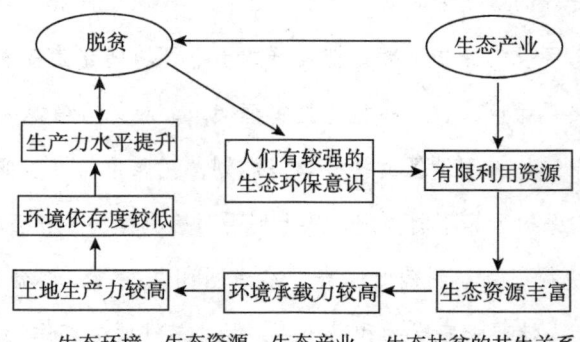

生态环境 生态资源 生态产业 生态扶贫的共生关系

图6-1 生态扶贫的内在实现逻辑

现在的陕西，正在通过一次次努力探索，认真践行绿色发展理念，实现以生态自觉呵护家园，以生态自信建设未来，也为建设美丽中国做出陕西贡献。

## 一、为什么是绿色

全面小康，重在"全面"。陕西的追赶超越，要的是全方位的追赶、整体性的超越，既要经济总量追赶，又要发展质量超越。小康全面不全面，生态环境质量是关键。如果经济发展了，环境却变差了，民众抱怨多了，这样的小康，不是人民期盼的小康；同样，如果没有美丽的生态环境，即使生产发展水平再高，人民没有了幸福感，全面建成小康社会又从何谈起？

陕西经济对能源产业依赖较大，区域发展不平衡。作为资源型省份，以往陕西经济快速发展主要得益于能源工业的快速崛起和拉动。长期以来，粗放式增长方式消耗了大量的宝贵资源，更使许多地方的经济停留在产业链低端。同时，长期形成的能源资源主导型产业结构在短期内也难以根本转变；陕西的经济发展空间差异也较大。关中平原和榆林北部经济发展水平较高，关中发展强度大、陕北地区生态脆弱，特别是陕北还面临着环境容量约束加剧的挑战。实现追赶超越，需要全面的发展。经济增长不等于经济发展，经济发展也并非仅以单纯的速度为标准。陕西的发展仍然不全面、不平衡。

陕西地理环境特殊，有着我国重要的生态安全屏障——秦岭；陕北是毛乌素沙漠和黄河流域水土流失重点治理区域；陕南是南水北调中线工程重要水源地。陕西的生态环境牵一发而动全身。若生态遭受破坏，南水北调70%的中线水源将受到影响。若水土流失不断加剧，黄河、长江两大流域的安全隐患也将持续。陕西不能不发展，但决不能以牺牲生态环境为代价。绿色发展，已不仅仅是经济问题，更是政治问题、民生问题。"良好生态环境是最公平的公共产品，是最普惠的民生福祉。""环境就是民生，青山就是美丽，蓝天也是幸福。"

习近平总书记早已阐明了生态环境和人民幸福的关系。发展，特别是高质量的绿色发展，才是解决一切问题的根本之道。以新发展理念为指引，把握好追赶超越的科学定位，进一步落实"五个扎实"的明确要求，陕西的发展路径日益清晰。

图6-2 西安的一叶绿肺——位于灞河入渭口的三角洲湿地

还一条河流生机，中国有了创新。按照"山水林田湖是一个生命共同体"的理念，陕西实施渭河全流域系统治理与保护。陕西的这条"母亲河"，已成为一条生态河、景观河、安澜河。

图 6-3 中大巴山茶乡

陕南依托地理和气候等自然条件优势，大力发展茶产业。绿水青山成为当地百姓脱贫致富奔小康的"金山银山"。

图 6-4 "秦岭四宝"：熊猫、金丝猴、朱鹮、羚牛

作为中国的地理标志，秦岭是南北气候分界线和重要的生态安全屏障，被誉为"世界生物基因库"。

秦岭不仅是"世界生物基因库"，也是中国第一座立法保护的山脉。如今，这里建成了我国第一个国家植物园。秦岭在一次次科学保护中得到良好呵护。

图 6-5　斗门水库试验段暨昆明池（一期）·七夕公园

2017年10月1日，斗门水库试验段暨昆明池（一期）·七夕公园正式向市民开放。重现的昆明池，不仅是陕西省委、省政府实施治水兴陕战略的重大部署，也是修复大西安生态水系的重要组成部分，更是陕西改善人居环境的重大民生工程，成为陕西融人文、城市、生态、经济为一体的"柔性治水、系统治水"新理念的代表作。

## 二、绿色发展体现在哪些方面

### （一）绿色发展体现在一个个顶层设计上

在陕西省第十三次党代会上，省委书记娄勤俭强调，要强化生态建设基础性战略性地位。小到一座城市的风道建设，如加强城市空间设计、用空间增绿色，大到每座城市的发展定位，娄勤俭都做了详细阐述。这为全省继续以系统化思维推进生态文明建设明确了目标，确定了步骤。"强化生态建设基础性战略性地位。"这是陕西第一次将生态建设上升到基础性战略性地位，以此为指向，陕西的绿色发展，正以前所未有的力度向纵深推进。

图 6-6　生态保护宣传（1）

2017年，陕西省委"一号文件"聚焦农业供给侧结构性改革，推进绿色农业发展，促进农业增效、农民增收、农村增绿。2017年初，修订后的《秦岭生态环境保护条例》施行，其亮点之一是增加了对秦岭区域内县以上人民政府实行自然资源离任审计和生态环境损害责任追究终身制度。政绩考核的"指挥棒"，也越来越清晰地指向生态文明建设。陕西目标责任考核中的生态环保分值，由原来的12分增加到25分；对生态文明建设方面失职渎职的干部给予严肃处理，对领导班子考核实施"一票否决"。责任的明确与界定，推动着领导干部树立科学的政绩观、发展观，促使其更好地履行生态环境保护责任。此前，陕西已实施排污权有偿使用和交易制度，将排污权作为一种商品进行交易，变企业无偿占用环境资源为有偿使用，倒逼企业加大污染治理力度，更好地实现环境保护。从发展定位到政企规范，从行业标准到责任考核，都纳入陕西绿色发展的顶层设计，成为陕西追赶超越的行动坐标。打破观念束缚，冲破体制羁绊，陕西以更加主动的态度、更加有效的措施，实现着对传统观念的更新，对发展思路的再塑，让三秦大地焕发出勃勃生机。

## （二）绿色发展落实在一次次具体实践中

生态环境，用之不觉，失之难存。如今在陕西，绿色工业要"产业布局园区化、资源利用集约化、产业结构高新化、生产过程清洁化"；绿色农业要"产业生态化、生态产业化"；绿色服务业则是要打造金融、物流、商贸、会展等区域中心和旅游服务集散地。

特别是在工业发展上，陕西实施了煤电机组超低排放和节能改造，仅2015年，淘汰落后和过剩产能341.4万吨，节约标准煤172万吨，超额完成国家任务。在陕西这样的产煤、燃煤大省，以关停倒逼转型，需要的是壮士断腕的决心和勇气。

同样，在农业生产上，为了让耕地喘口气，陕西开展了保护性耕作。对于陕西这样的粮食产销平衡区，以当下之痛换长远之福，需要的是更大的胆识和魄力。

从第一产业到第二产业再到第三产业，每一次经济增长与环境保护之间的取舍，考验的是执政者的魄力、远见和担当。

图6-7　生态保护宣传（2）

紧盯制约发展的突出问题和薄弱环节，深挖根源、综合施策，最大限度补齐发展短板，陕西把难点变为亮点，绿色发展已经体现在经济社会发展的方方面面。

### （三）绿色发展体现在各级政府的执政自觉上

洋县，为了保护朱鹮，禁用农药化肥。洋县每年因此造成的农作物减产损失、地方财政减收，以及保护朱鹮的支出资金达2000余万元，换来的却是西北地区"有机第一县"的美誉；9.41亿元的有机产品产值；5年193亿元的旅游综合收入；安康，南水北调中线工程核心水源地。为了确保"一江清水送北京"，安康全力发展山林经济、生态旅游等绿色产业，富硒产业连年保持30%以上的高速增长，群众真正享受到了看得见、摸得着的"生态红利"。

图 6-8　有机蔬菜种植

保护生态环境，就是保护生产力。改善生态环境，就是发展生产力。在陕西，"既要绿水青山也要金山银山""绿水青山就是金山银山"，成为各级政府发展经济的共识；让人民生活得更幸福成为政府工作的落脚点；转型发展的绿色实践，彰显着人民利益至上的执政追求。

### （四）绿色发展体现在三秦百姓的日常生活中

越来越多的年轻人骑"小黄车"出行，成了城市里一道亮丽风景。如今人们外出选择低碳出行的多了，吃饭"光盘"的多了，购物使用环保袋的多了，过年燃放烟花爆竹的少了。陕西人努力成为"绿色生活"的倡导者和实践者。观念更新助推着陕西追赶超越；绿色发展倒逼着经济发展方式的转变；民生指向引领着社会领域不断创新。从"盼温饱"到"盼环保"，从"求生存"到"求生态"，绿色发展，已经成为陕西全社会的共识。

图 6-9　低碳出行

今天，陕西绿色发展的新理念，体现在从顶层设计到具体实践的每个环节；绿色发展的决心与信心，在努力探索中更加坚定；绿色发展的生动实践，展现出前行的巨大力量。

## 三、陕西绿色发展取得了哪些成绩

作为全国土地荒漠化和沙化危害严重的省份之一，5 年间，陕西累计完成造林绿化 2479 万亩，新增森林面积 504 万亩，完成防沙治沙任务533万亩，实现了由黄到绿的转变。三秦大地上，自北向南排列的大漠绿洲、关天经济区宜居明珠、秦巴山区绿色森林群落正在形成一个"森林城市圈大格局"。

绿水青山就是金山银山。陕西林业产业发展迅速，产业结构进一步优化，其中林麝养殖数量，全国第一；花椒种植面积，全国第一；核桃、油用牡丹种植面积，全国第二。陕西森林旅游持续升温，年均接待游客超过2000万人次；林业总产值由2012年的515.9亿元提高到如今的1078亿元，实现了翻番。林业已经成为农民致富增收的重要途径。

图6-10 大力扶持绿色产业

### （一）经济发展更加"绿色"

经济总量增加到1.92万亿元，位次升至全国第15位，年均增长达9.8%，其中战略性新兴产业占比达到10.7%，服务业占比提高7.4个百分点。

### （二）水的灵气聚流涌动

柔性治水有序实施，河长制全面推行，引汉济渭等重大水利工程加快建设，国家湿地公园数量位居全国前列，昆明池、渼陂湖、卤阳湖恢复建设，生态恢复"八水绕长安"初见成效。

### （三）绿色版图不断扩大

绿色面积向北推进400公里，森林覆盖率达到43%。全省露天采石企业总体减少41%，特别是秦岭北麓和渭北"旱腰带"地区提前1年完成矿山数量"减半"整治目标。

### （四）生态建设成效显著

"铁腕治霾·保卫蓝天"行动强力推进，节能减排和环境综合治理均取得积极进展，主要污染物总量减排完成国家下达的任务。

一项项亮眼的成绩，为陕西全面建成小康社会打下了坚实基础。绿色，正在成为陕西发展的新亮点。如今，系统、科学、全面的绿色发展理念，正在成为三秦大地发展的主基调，绿色发展实现人与自然共生，让天更蓝、山更绿、水更清、生态环境更美好。

## 四、陕西省绿色发展做了哪些规划

下一个5年，陕西省委、省政府立足追赶超越的科学定位，积极落实"五个扎实"的明确要求，进一步明晰了前进方向，让良好生态环境成为人民生活的增长点，成为经济社会持续健康发展的支撑点，成为展现良好形象的发力点。

图 6-11　打造绿色城市

加快煤油共炼、煤炭分质利用等关键技术创新示范和高端精细化工产品研发，加强煤油、气、盐绿色的高效开发，提高资源综合利用水平。

打造新一代信息技术、新材料、生物技术、绿色环保等产业，努力培育新的经济增长点，围绕创新链条兴业释能。

打造区域特色发展引领区，按照差异化、特色化思路，坚持"强关中、稳陕北、兴陕南"，大力发展现代农业、健康养老、文化旅游等绿色产业，做到生态环境保护、产业发展和新型城镇化同步推进，加速赶上全国工业化进程。

坚持城乡一体化规划，持续推进美丽乡村建设和农村人居环境改善，努力让城乡居民生活环境更加舒适美好，望得见山、看得见水、记得住乡愁。

## 五、陕西省生态扶贫有哪些政策

### （一）生态补偿脱贫政策

图 6-12　落实生态补偿

对贫困村、贫困户林地被区划界定为国家级公益林的按每亩每年13元的补偿标准，区划界定为省级公益林的每亩每年3元补偿标准，及时足额兑付到贫困户。

推行森林、核桃政策性保险试点，力争政策性森林保险实现贫困户全覆盖。

对贫困村、贫困户落实新一轮退耕还林，每亩按1500元现金兑现，第一年每亩300元种苗费和500元现金补助兑现，第三年每亩300元现金兑现，第五年每亩400元现金兑现。

在深山区和山塬结合部的贫困村，优先将有劳动能力的贫困人口聘为护林员等生态保护人员，实现就地就业。

栽植新品种核桃按每亩600元的标准予以扶持，第一年完成栽植补助 300 元，第二年达到成活标准补助 200 元，第三年依据保存面积补助 100 元。

## （二）旅游扶贫方面扶持政策

图 6-13　依托环境开展旅游扶贫

根据陕西省扶贫开发办公室和陕西省财政厅《关于做好旅游扶贫试点示范工作的通知》（陕扶办发〔2015〕32 号），分别在周至、耀州、宜川、绥德、佛坪、留坝、汉滨、宁陕、商南、镇安 10 个县区开展旅游扶贫试点。扶持对象为试点县建档立卡贫困户，量化到户资金每户不高于 2 万元。主要用于农家乐、改厨改厕、家庭旅馆、小型采摘园等建设。因资金切块到县进行试点，具体申报程序由各试点县确定。

新理念引领新实践，新实践书写新辉煌。与自然和谐共生，给自然机会，也是给我们自己机会。自然终将以其绿色丰盈的生态财富回馈我们，促进我们更好地发展，保证我们实现永续发展。陕西将以习近平总书记来陕视察重要讲话为指引，深入践行绿色发展理念，强化生态建设基础性、战略性地位，深入推进以"护山、治水、育林、养田、蓄湖"为主要内容的山水林田湖一体化治理；努力形成节约能源资源和保护生态环境的产业结构、增长方式、消费模式、循环经济；实现经济、社会、生态效益共赢，让三秦大地山更绿、水更清、天更蓝。

# 第七章

## 教育扶贫有哪些"干货"

扶贫不仅要为广大贫困地区提供物质上的帮助，更应推进教育精准扶贫，注重为贫困家庭及其子女建立知识性的精神家园和文化世界，让他们了解到外面世界和知识的美好，给他们播下通过学习改变命运的种子，延续一个希望的梦想。让他们有动力去对抗贫困，脱离贫困，从而实现教育扶贫的治本功能。教育精准扶贫对于实现教育现代化，补齐贫困地区、民族地区的教育短板，解决老、少、边、穷、岛等地区人民群众的教育困难问题起到至关重要的作用，使教育这项民生工程惠及所有贫困家庭，改变这些家庭贫困世代相传的宿命观，在一定意义上也维护了社会稳定。归根结底，通过教育的精准扶贫，变"输血"式扶贫为"造血"式扶贫是从根源上解决贫困问题的重要方法。

"阻断贫困代际传递"是总书记交给教育的重要使命。陕西省教育厅按照中央和省委省政府的精神，落实"三个作为"：就是把发展贫困地区和贫困人口教育、助力打赢脱贫攻坚战，一是作为全省教育系统的政治任务和头等大事，二是作为基本实现教育现代化的底线要求和第一民生工程,三是作为加快推进教育事业改革发展和追赶超越的重要机遇,全力推进。让教育扶贫成为扶贫治本的力量源泉,把教育扶贫做成最基础的精准扶贫。

## 一、教育资助与精准扶贫

### (一)教育精准扶贫学生资助的对象是哪些?

教育精准扶贫资助的对象为在普通高校就读,具有全日制学历教育正式学籍和我省户籍的农村建档立卡贫困户子女;在普通高校就读,具有全日制学历教育正式学籍和我省户籍的因灾因病等特殊原因返贫的非在册贫困户子女,经扶贫部门按"两公示一公告"程序审核后,进入贫困人口建档立卡系统的可纳入资助范围(资助对象以下均称为"农村贫困学生")。无名额限制,可以提供扶贫手册的学生即可纳入资助范围。

### (二)针对贫困家庭学生的补助都有哪些?

贫困家庭资助从学前一年到高等教育已经实现全覆盖。一是按照每生每天3元(一年按250天计算)的生活费补助标准,落实学前一年家庭经济困难幼儿资助政策。二是按照每生每天小学4元、初中5元的标准(一年按250天计算),全年小学1000元、初中1250元的标准,落实农村义务教育家庭经济困难寄宿生生活补助政策。资助面超过在校寄宿学生的55%。三是实施营养改善计划"全覆盖",按照每生每天4元的标准(一年按200天计算),落实农村义务教育学校学生营养改善计划投入政策。四是将普通高中国家助学金标准提高500元，达到生均2000元。具体资助额按贫困程度分为两档，特困生每生每年2500元，贫困生每生每年1500元。资助面约占全省普通高中在校生总数的30%。五是按规定扩大中职学校学生免学费政策范围。将中职学校国家助学金提高500元，达到生均2000元。协调落实中职学校免学费及国家助学金资金，将进城务工农民工随迁子女纳入中等职业免学费范围。中职助学金补助标准提高到2000元。六是按照国家规定标准，全面落实本专科生和研究生资助政策。七是完善精准扶贫体系，对建档立卡的贫困家庭高中生免除学费，对升入中、高职学校的贫困家庭学生一次性补助3000元。

### （三）"雨露计划"职业教育培训政策都有哪些，怎样申请？

根据国务院扶贫办行政人事司关于印发《雨露计划职业教育工作指南（试行）》的通知（国开办司发〔2015〕106号）精神，扶持对象：农村建档立卡贫困家庭（以下简称"贫困家庭"）中有子女接受中、高等职业教育的贫困家庭。

1. 扶持条件：

①农村建档立卡贫困家庭。指经精准识别进入最新一轮建档立卡数据库的贫困家庭。子女本人户口已迁出本村的贫困家庭（主要是指户口迁至学校所在地的高职在校生），同样享受扶持政策。

②子女接受中、高等职业教育。贫困家庭子女在校学习，并在教育部、人力资源社会保障部的中、高等职业教育学籍管理系统注册正式学籍。中等职业教育包括全日制普通中专、成人中专、职业高中、技工院校；高等职业教育包括全日制普通大专、高职院校、

技师学院等。扶持期限：贫困家庭子女接受职业教育在校学习期间（包括顶岗实习），其家庭均可享受扶贫助学补助。符合条件的贫困家庭第一次得到扶贫助学补助后，其子女在校学习期间无论其家庭是否脱贫，都继续享受扶持政策。接受中等职业教育期间享受扶贫助学补助，毕业后直接升入高等职业院校继续学习的学生，其家庭继续享受该资助政策。

2. 补助标准：扶贫助学补助标准为每生每年3000元左右。具体标准由各地根据本地贫困家庭新成长劳动力接受职业教育的实际消费水平自行确定。

3. 补助方式：

①生源地补助。凡符合条件的贫困家庭，无论其子女在何地就读，均在其家庭所在地申请扶贫助学补助。

②直补到户。"雨露计划"职业教育补助的对象是农村建档立卡贫困家庭，补助资金一律通过支农惠农"一卡（折）通"直接发放到贫困家庭。

③分期申请发放。每学年分秋季学期、春季学期两期申请、审核，补助资金分学期发放。

## 二、陕西省教育扶贫实施方案

阻断贫困代际传递，教育精准扶贫是关键。为深入贯彻落实《中共中央、国务院关于打赢脱贫攻坚战的决定》以及《中共陕西省委、陕西省人民政府关于贯彻落实〈中共中央国务院关于打赢脱贫攻坚战的决定〉的实施意见》精神，落实着力加强教育扶贫的重大任务，进一步提高贫困地区教育发展的整体水平，更好地发挥教育在精准扶贫、精准脱贫中的重要作用，目前陕西省出台了教育扶贫实施方案，按照资助政策覆盖、办学条件改善、招生计划倾斜、教师队伍提升、技术技能人才培养、"两联一包"教育扶贫六项重点任务，制定了教育精准扶贫20条政策措施，决不让一个孩子因家庭经济困难而失学。

### （一）实施贫困家庭就学子女精准资助

逐步提高学前教育财政补助标准。学前一年达到每生每年1300元标准，免除保教费和补助公用经费；按照每生每年750元标准，对贫困家庭幼儿、孤儿和残疾儿童接受学前教育进行资助。对中班和小班按照每生每年400元标准补助公用经费。

将义务教育全面纳入公共财政保障机制。统一城乡义务教育经费保障机制，到2017年，全面落实城乡义务教育"两免一补"政策。对贫困家庭寄宿生按照每生每年小学1000元、初中1250元的标准补助生活费。实施好农村义务教育学生营养改善计划。对贫困地区不足100人的小规模学校（含教学点）按100人核定公用经费补助资金，确保学校正常运转。

稳步实施高中阶段免费教育。从2015年秋季学期起，对建档立卡的贫困家庭普通高中和中等职业学校在校生免除学费，对贫困家庭普通高中学生每生每年发放2500元的助学金生活补助，对中等职业学校一、二年级在校贫困家庭学生每生每年发放2000元的助学金生活补助。对贫困家庭的中等职业学校和高等职业学校在校生，除享受国家教育资助政策外，每人再一次性给予3000元扶贫助学补助。逐步分类推进中等职业教育免除学杂费。从2016年秋季学期起，对全省普通高中学生免除学费。

统筹实施贫困家庭在校大学生资助政策，完善财政资助资金分配方式，通过发放国家助学贷款、助学金、奖学金等实现学费、生活费、住宿费补助全覆盖。对建档立卡的贫困家庭大学生每生每年发放6000元的助学金生活补助，学费、住宿费高出国家助学贷款限额部分，以及助学金生活补助超出国家助学金标准部分由所在高校从资助专项基金中全额补助。精准发力，精准帮扶，做好家庭经济困难毕业生的就业指导服务工作。引导和鼓励学生毕业后到贫困地区就业创业和服务。

### （二）改善贫困地区学校基本办学条件

依据《陕西省幼儿园基本办园标准（试行）》，扩大贫困地区农村学前教育资源。按照有利于利用富余校舍和师资、有利于幼儿方便就近入园、有利于乡镇分级管理、有利于社会力量积极参与的原则，结合需求实际，加快学前教育三年行动计划幼儿园项目建设，满足贫困家庭适龄幼儿入园需求。"十三五"期间，力争全省每个乡镇均有1所公办幼儿园，人口密集的县城至少有2所公办幼儿园，全省公办幼儿园数量达到幼儿园总数的50%，公办幼儿园在园幼儿达到在园幼儿总数的50%以上，学前三年毛入园率达到96%。

依据《陕西省义务教育阶段学校基本办学标准（试行）》，科学布局农村义务教育学校。改善贫困地区义务教育薄弱学校基本办学条件，加快项目进度，保障学生就近入学需要。到2020年，使贫困地区农村学校教室、桌椅、图书、运动场等教学设施设备满足基本教学需要，宿舍、床位、厕所、食堂、饮水等基本满足生活需要；统筹中省资金，支持贫困地区城区及其新区、开发区、居民小区学校建设，有效化解入学难和大班额问题。加快贫困地区教育信息化进程，指导"三通两平台"建设，加强课程教学资源整合，推进信息技术与教育教学的融合应用。

加快普通高中标准化建设和县级职教中心建设。推进普通高中标准化建设，力争2020年全部达到省定标准。加强县级职教中心建设，努力改善办学条件，促进实训设备配置水平与技术进步要求，更加适应现代信息技术的广泛应用；推动中等职业教育资源整合，院校布局和专业设置更加适应经济社会需求，推动建成骨干职业学校和骨干专业。

## （三）扩大高等学校招收农村学生的覆盖面

积极争取国家增加我省农村贫困地区、集中连片特殊困难县和国家扶贫开发工作重点县定向招生专项计划，提高中央部门高校和地方本科一批招生学校招收我省贫困地区学生人数。

实施"省属重点高校招收农村学生专项计划"，参与一批本科录取的省属高校每年安排不低于本校3%的计划招收农村学生，改善招生专业结构，进一步扩大农村学生接受良好高等教育覆盖面。

继续实施省属自主招生试点高校面向农村学生单独招生计划，每年按照不低于试点高校本科招生规模的2%安排，使更多农村学生享受优质高等教育资源。

### （四）加强贫困地区教师队伍建设

建立省级统筹乡村教师补充机制。从2016年起，贫困地区县以下学校招聘教师全部纳入特岗教师计划，每年招收2000人，确保新补充教师具备本科学历的不低于80%，确保体、音、美和信息技术学科教师有一定比例；农村教育硕士师资培养计划向贫困地区倾斜并逐年增加。积极协调，争取按标准落实幼儿教师配备。

巩固实施地方院校学前师范生免费教育。配合省医改办、省卫计委，继续实施全科医学专业定向免费生，为农村地区培养急需的全科医生。

全面落实农村学校教师和校（园）长交流轮岗工作，推动城镇优秀教师向乡村学校合理流动和对口支援，鼓励城镇退休特级教师、高级教师到乡村学校支教讲学或开展帮扶。对志愿到贫困地区中小学任教的免费师范生和教育硕士，优先落实周转房，优先晋升专业技术职务，并在参加进修学习、骨干选拔名额中给予倾斜。

加强贫困地区教师培训和骨干引领。到2020年，对贫困地区所有教师和校（园）长进行不少于360学时的培训，每年培训8万人次。推进农村学校开展校本研修，扩大"名师大篷车"送教下乡活动实施范围。逐年提高农村边远贫困和薄弱地区教学能手评选名额，充分发挥骨干教师作用，帮扶贫困地区教师提高教育教学能力和水平。

引导高等院校、教学科研机构、电教装备机构和大城市优质学校，通过结对帮扶、定向扶持等方式，加大对贫困地区农村教师的帮扶支持，逐步形成以县为主、辐射农村的教师和校（园）长专业发展支持服务体系。

全面落实乡村教师生活补助政策。推动43个集中连片特困县全面落实乡村教师生活补助,中省财政给予综合奖补。推动省级连片特困县和国家扶贫开发工作重点县实施乡村教师生活补助。

**(五)推动贫困地区技术技能人才培养与劳动力转移**

鼓励高等学校、重点在高等职业院校开设扶贫特色产业培训班,招收未考上大学的贫困家庭学生免费培训。充分利用职业教育资源,面向未升学初中和高中毕业生、残疾人、失业人员、退役士兵等群体广泛开展职业教育和培训。进一步加快进度,建成一批社会有需求、办学有质量、就业有保障的特色专业,建设面向全省特别是贫困地区学生的公共实训基地,最大范围吸纳贫困家庭学生接受职业教育,加快贫困地区技术能人培训和劳动力转移。

持续加大秦巴山区、吕梁山区和六盘山区职教扶贫工作力度,以县为单位,建设职业教育实训基地,满足贫困地区技术技能型人才需求,提高脱贫致富能力。

按照主体功能区产业培育需求,充分发挥贫困地区县级职教中心的培训基地功能,加大贫困地区农村实用技术和农村劳动力转移培训工作力度,实现"输出一人,脱贫一户"。

**(六)持续做好"两联一包"教育扶贫**

持续推进子洲县"两联一包"工作,充分发挥教育扶贫团作用,进一步提高教育扶贫精准度。省教育厅将子洲县列为教育系统精准扶贫试点县,积极开展教育扶贫试点,为全省教育扶贫探索可供复制的经验。

### 三、教育扶贫的陕西实践

教育扶贫关系长远，关乎根本。目前，陕西省已通过提高补助标准、实施十三年免费教育（学前一年、小学六年、中学六年）、完善资助政策体系等措施，在全省范围内建立起从学前、小学、中学、大学直至就业的系列教育帮扶机制。

#### （一）"一条龙"帮扶，教育扶贫全覆盖

陕西是教育大省，也是贫困面较大的省份。如何确保贫困家庭子女就学，一直是我省教育工作的重点。目前，我省加快完善出台从幼儿园到研究生的一系列帮扶政策，以及国家和各高校的扶助措施，逐步实现全省教育扶贫全覆盖。

针对学前一年教育，我省每生每年按1300元标准，免除保教费和补助公用经费，对贫困家庭幼儿、孤儿和残疾儿童，每生每年补助750元生活费；对义务教育阶段贫困家庭寄宿生，按每生每年小学1000元、初中1250元标准补助生活费；从2016年秋季学期起，全面实施普通高中免费教育，对贫困家庭职业学校在校生，除享受国家教育资助政策外，每人再一次性给予3000元扶贫助学补助；对建档立卡的贫困家庭大学生，每生每年发放6000元助学金生活补助，实现学费、生活费、住宿费补助全覆盖；对在读研究生，我省实行包括研究生国家奖学金、学业奖学金、国家助学金、国家助学贷款以及"三助"津贴等资助。同时，加大就业创业支持力度，

各高校建立了家庭经济困难毕业生信息台账，对各类就业困难群体开展就业指导、岗位推荐、经费补贴等精准帮扶。对低保家庭毕业生、残疾毕业生和享受国家助学贷款的2.61万名毕业生，每人发放一次性求职创业补贴1000元。

**（二）扶贫先扶智，扶智先强教**

百年大计，教育为先。如何确保教育"精准扶贫"，改变贫困地区师资不足的现状，扶智先强教，无疑是当务之急。目前，我省建立了贫困地区教师省级统筹补充机制，将贫困地区县以下学校招聘教师全部纳入"特岗教师"计划，确保新补充教师具备本科学历的不低于80%。今年，已向省级贫困县（区）下达"特岗计划"3000名，秋季开学将全部上岗；全面落实了连片特困县乡村教师生活补助，补助学校（含教学点）2889个，补助教师4万余人；实施学前教育免费师范生试点、特岗计划等，吸引了5711名优秀教师到农村从教。

在项目安排和资金下达上，我省坚持优先向贫困地区、革命老区倾斜。今年省级统筹25.27亿元，重点支持国家集中连片特困县、扶贫开发工作重点县区527所中小学校舍建设；落实资金4.68亿元，重点支持建设公办园248所；重点支持76所高中学校改、扩建校舍，改善办学条件。

**（三）实现"输出一人，脱贫一户"**

陕西教育扶贫的另一个特点是依托教育大省的资源优势，拓展精准扶贫的道路，加快发展职业教育，持续为贫困地区教育和产业发展"造血"。

第一，重点以职业院校基础能力建设为切入点，优化整合职业教育资源，调整专业和人才培养结构。将全省教育系统所属的中职学校从316所整合到265所。积极对接实施"苏陕职教协作计划"，推进职教园区建设，推广产教融合、工学结合、校企合作育人模式，拓展"订单式培养""现代学徒制"范围，推动国家级示范中职校与高职院校合作办学，提升实用型人才培养质量。

第二，深化职教考试招生制度改革。并且作为突破口，目的就是全面建立职业教育"分类考试、综合评价、多元录取"的机制，打通从中职到高职再到本科的上升通道，贯通职业教育人才培养的"立交桥"。高职院校以综合评价方式录取考生,去年招生4万多人，今年招生5.3万人。同时，大幅增加"三校生"升入高职和应用型本科的计划，今年录取了3056人，有效地打通中职直到本科的应用型人才培养通道。

第三，突出职教扶贫作用。我们常讲："授人以鱼，不如授之以渔。"农村职业教育是提高贫困人口劳动技能、带动贫困地区经济发展的最直接方式，寒门子弟如果能够掌握一技之长、就业脱贫这条路就会更畅通，有利于"一人就业，全家脱贫"。今年，我省推动16所高职学校与27所中职学校联合举办"3+2"高职教育，重点面对的是贫困地区家庭经济困难学生招生，今年招生4450名，比上年增加47.35%。另外，还通过举办农民学院、实用技能和特色产业免费培训等方式，广泛开展职业技能帮扶，帮助贫困家庭孩子学会一技之长，依靠技能实现就近就业、稳定增收，实现贫困户早日脱贫的迫切愿望。今年上半年，全省开展职业教育精准扶贫培训466期，参加培训者共计1.7万人次。

第四，拓展高等教育扶贫空间。陕西作为全国高等教育重要基地，资源优势明显。今年启动实施百所高校结对帮扶百县发展的"双百计划"，全面助力贫困县坚决打赢脱贫攻坚战，这也是我省实现教育助力全省脱贫攻坚的一个亮点。

结合贫困地区主导产业发展情况，我省目前正鼓励相关高等学校发挥所长开展精准扶贫，如开设扶贫特色产业培训班、对贫困地区未考上大学的贫困家庭学生进行免费技能培训等，帮助他们依靠技能就近就业创业，确保实现"输出一人，脱贫一户"。建立覆盖县、乡、村三级的职业教育与技术技能培训体系，形成了政府主导、地方组织、院校参与的多方联动机制，全省建成107个县级职业教育中心、51个重点县级职教中心、30个省级现代农业职教发展工程示范县，覆盖全部贫困县区。

## 四、陕西"四个精准"推进教育扶贫

### （一）突出精准资助

建立各学段全覆盖、无缝衔接的家庭经济困难学生精准资助体系，资助家庭经济困难学生177.16万名。实现全省县级资助中心全覆盖，同时通过抓标准化建设、与高校"结对帮扶"等举措，加强县级资助中心建设，夯实精准资助工作基础。以建档立卡的贫困家庭学生为重点，通过整合扶贫资金、减免学费、奖助学金、企业捐赠等举措，为学生就学、就业、创业提供全方位的精准资助。

### （二）突出精准培训

针对未能升学的初高中毕业生、复转军人、贫困农民等重点群体，坚持"一把钥匙开一把锁"，详细了解不同类型人员的需求，量身定制培训方案，开展职业技能培训，使其依靠一技之长脱贫致富。建立面向广大农民的职业教育"培训包"，采取"群众点菜、专家主厨"的方式，组织科技队伍深入田间地头送培下乡，让群众一看就懂、一学就会、一干就有效益。创新办学模式，在县上开设分校，定向招收贫困家庭学生，免除学杂费、补助生活费、推荐就业，通过培养学生的一技之长，既为自身脱贫积蓄力量，也为当地发展提供人才保障。

### （三）突出精准建设

一方面，通过抓硬件建设改善办学条件。坚持锁定贫困地区，聚焦薄弱学校，加大政策倾斜力度，全面实施"改薄工程"，推动薄弱学校提质改造、全面达标，改善贫困地区办学条件；另一方面，通过抓软件建设提升办学质量。以校长教师交流轮岗、落实乡村教师生活补助、教育信息化为重点，不断提升贫困地区师资水平，让贫困地区的孩子们也能接受优质教育。

### （四）突出精准就业

不断完善"一对一"帮扶机制，做好困难群体特别是建档立卡和"零就业"家庭毕业生的就业工作，实现就业精准帮扶全覆盖。建立就业困难群体信息库，推动高校设立专项经费，开展有针对性的就业指导和培训，并将符合条件的毕业生作为参军入伍、基层项目的优先选拔对象，鼓励贫困家庭毕业生回乡自主创业。

## 五、怎样更好地推进教育扶贫

### （一）加强组织领导

各级教育部门和扶贫部门要做好顶层设计，建立"省级加强统筹，市级协调推进，县区为主实施"的教育扶贫工作落实机制。省教育厅成立由厅长担任组长的"教育扶贫工作领导小组"。各级教育部门（单位）和学校主要负责人是实施教育扶贫工作的第一责任人，要加强队伍建设，强化协调沟通，根据各级各类教育特点，制定切实可行的实施方案和工作计划，及时研究解决工作中存在的突出问题，全面实现教育精准支持全省脱贫攻坚目标。

### （二）强化政策引领

各级教育部门和扶贫部门要把加强教育扶贫作为"十三五"期间全省教育系统和扶贫系统的首要政治任务，作为基本实现教育现代化的难点、重点和突破口，以农村地区、贫困地区、革命老区教育为主战场，以省政府确定的建档立卡贫困家庭就学子女为重点对象，举全省教育和扶贫之力，协调各项工作任务，统筹各级事业发展，加快实施教育扶贫工程，让贫困家庭子女都能够接受公平而有质量的教育，阻断贫困代际传递。省级结合贫困地区教育发展情况和贫困家庭子女受教育情况，科学制定扶持和资助政策，确保不让一名贫困户学生因家庭经济困难而辍学；进一步加强各类教育资源统筹，向扶贫开发任务较重的县（区）倾斜，支持提升办学质量。

### (三)加强监督检查

各级教育部门和扶贫部门要把教育扶贫措施落实情况纳入年度考核、督导检查和审计监督的重要内容,建立完善责任追究制度和重大涉贫事件应急处置机制,确保教育扶贫工作顺利实施。

### (四)营造良好氛围

各级教育、扶贫部门和学校,要充分利用广播、电视、网络、报纸、宣传栏等方式,加大对教育扶贫政策、脱贫目标、重点任务、实施情况的宣传力度,尤其要及时总结和宣传推广各级教育、扶贫部门,学生资助机构以及各级各类学校在教育扶贫工作中的好做法、好经验,努力营造教育扶贫的良好舆论氛围。

# 第八章

## 健康扶贫的十副"良方"

脱贫攻坚是党的十九大确定的对全面建成小康社会最具决定性意义的三大攻坚战之一，健康扶贫则是打赢脱贫攻坚战的关键举措。2017年2月21日，习近平总书记在中央政治局第39次集中学习时指出："要落实教育扶贫和健康扶贫政策，突出解决贫困家庭大病、慢性病和学生上学等问题。"李克强总理在《政府工作报告》中强调，切实推进"教育和健康扶贫"。可见中央对健康扶贫的高度重视。陕西省深入贯彻党中央、国务院脱贫攻坚的决策部署，牢固树立"以人民为中心"的发展思想，深刻把握卫生健康工作规律，立足当前，着眼长远，精准施策，推动健康扶贫各项工作扎实深入开展，努力构建防止因病致贫、因病返贫的长效机制。

## 一、因病致贫、返贫人口精准识别

### （一）健康扶贫精准识别

健康扶贫是通过提升医疗保障水平、实施疾病分类救台、提高医疗服务能力、加强公共卫生服务等手段，让贫困人口能够看得起病、看得好病、看得上病、防得住病，确保贫困群众健康有人管，患病有人治，治病能报销，大病有救助。

因病致贫、因病返贫人口指建档立卡贫困户家庭成员，患重大疾病或长期慢性疾病，年度医疗费用支出报销后，个人自付费用超出家庭的负担能力，导致家庭实际生活水平低于当地贫困线家庭标准的人口。

所有建档立卡贫困户家庭成员均可享受健康扶贫优惠政策。由镇村医务人员与所有贫困户签订协议，对因病致贫、因病返贫贫困户家庭成员重点帮扶。宣传健康扶贫政策，根据所患疾病类型提出相应的治疗建议和康复指导意见。总的来说，就是指导贫困户没有病如何防病，得病了到哪里治疗，治疗后如何报销，得病后能享受哪些优惠政策。

陕西省卫生计生系统将继续坚持精准脱贫，将要对所有贫困人口进行健康体检，并以此为契机全面做好精准识别。

### （二）健康扶贫动态管理

自2017年10月1日起，全省健康扶贫动态管理系统全面运行。健康扶贫动态管理系统是健康扶贫工作的重要内容，利用该系统可以精准地确定对象；了解对象的基本信息，展示工作成果，记录工作全过程；查阅贫困户的健康、就治及医疗费用的报销情况，了解基层工作进展情况、存在问题和意见建议。同时，通过健康扶贫动态管理系统可以实现与国家和省脱贫攻坚大数据平台的对接，有助于真实反馈各个层面的工作情况。

## 二、提高贫困人口医疗保障水平

### （一）贫困人口的相关报销政策

新农合的门诊报销：

1. 参合群众持《合疗证》在村卫生室、镇卫生院门诊看病报销比例分别为75%、65%以上，本户内门诊费用家庭成员通用。

2. 65岁以上老年人全口牙齿自然脱落持《合疗证》在县级医院等定点单位进行全口义齿修复，所需的费用600元新农合全部予以报销。

3. 贫困人口门诊一般诊疗费由新农合全额报销。

贫困户的一般住院报销规定：

1. 参合贫困人口在镇卫生院住院不设起付线，住院费用报销比例为95%。

2. 贫困户在省、市、县二级医院住院，起付线分别为2000元、1200元、800元，报销比例分别为75%、75%、85%。

3. 贫困户在省、市三级医院住院，起付线分别为3000元、1800元，报销比例分别为65%、70%。

贫困人口每人每年最多报销15万元。

新农合关于特殊慢病的报销政策：

Ⅰ类日常门诊救助（传染、精神类疾病）不设起付线，报销比例为70%；

Ⅱ类特殊慢病门诊救助（发病率较高的公共卫生管理的慢性疾病）起付线为500元，恶性肿瘤放化疗起付线为2000元，报销比例为60%；

Ⅲ类特大疾病门诊救助（医疗费用较高的慢性疾病）起付线为2000元，报销比例为50%。

贫困人口特殊慢性病报销年度封顶线提高20%。

新农合其他特殊报销政策：

白血病、恶性肿瘤术后放化疗、尿毒症，门诊治疗按住院报销，年内只减一次起付线。结核病在省三级医院住院起付线为2000元，报销比例为70%。

### （二）医疗报销的补充说明

申请各类医疗报销救助时，需要提供的资料：①贫困人口身份确认信息；②参合居民的身份证或户口本、《合疗证》、合疗缴费票据；③病案首页或诊断证明；④住院费用结算票据原件或复印件；⑤住院费用清单；⑥参合患者银行卡或存折（一折通）复印件；⑦其他必要材料。

新农合参保的资助政策：落实新农合参合资助政策，即低保户、五保户由民政部门全额资助，一般贫困户由政府全部资助。目标实现贫困人口参加新农合100%。

不能报销的情况：打架、服毒、自杀、车祸、工伤、医疗事故等发生的医疗费用不能报销。

## 三、完善贫困人口医疗保障体系

### （一）看病就医"四重保障"

在新型农村合作医疗的基础上，要建立起贫困户看病就医的"四重保障"体系，即新农合报销＋大病保险报销＋民政医疗救助＋政府兜底保障。

大病保险：大病保险是新农合制度的延伸和补充。参加新农合的群众，每年从合疗资金中划出一部分交给保险公司，为每名参合群众购买一份大病保险，当群众得了大病经新农合报销后，未报销费用超过规定数额后保险公司应该给予办理大病保险报销。也就是说，只要参加了新农合，就同时参加了大病保险，目标实现贫困人口参加大病保险100%。参合贫困人口大病保险的报销政策是：参合贫困人口新农合大病保险报销起付线执行3000元标准，对于11种大病患者报销比例再提高5个百分点。具体计算办法：（住院总费用－新农合报销费用－自费费用－大病保险起付线）×报销比例。

民政医疗救助：民政医疗救助包括"五保户"住院全额报销；"低保户"住院经新农合、大病保险报销后剩余金额按70%比例救助，每人每年最高救助3万元；低收入贫困户住院经新农合报销、大病保险报销后剩余金额按50%比例救助，每人每年最高救助2万元；其他贫困户按30%比例救助，每人每年救助1.5万元。

政府兜底保障：设立健康扶贫医疗救助兜底保障资金，用于建档立卡贫困户当年住院医疗费用通过新农合、大病保险、民政救助报销后，实际报销比例未达到一定水平的贫困患者，由健康扶贫医疗救助兜底保障金补足差额。

### （二）便利付费结算服务

"一站式"即时结算服务：按照"保险在先、救助在后"的原则，参保患者在县域内住院时，完成基本医保报销后，符合城乡居民大病保险、民政医疗救助标准的，各类医保政策顺次衔接、同步结算。目标实现"一站式"即时结算服务100%。

"先住院、后付费"结算：对建档立卡的贫困患者，实行住院"零押金"制度，即入院时经审查符合条件并签订《协议书》后即可入院治疗，不需再缴纳住院押金，出院时由新农合、大病保险、医疗救助、兜底保障等报销"一站式"结算后，患者只缴纳自付部分费用。

## 四、扎实开展农村贫困人口签约服务

全面推进家庭医生签约服务。签约医生团队根据服务半径和人口数量，科学划分签约责任区域，合理分配家庭医生签约服务人数，实行网格化管理，为签约居民提供基本医疗、公共卫生和约定的健康管理服务。签约服务费用由医保基金、基本公共卫生服务经费和签约居民付费等渠道解决。

贫困人口免费签约。以县为单位，在扶贫部门建档立卡贫困人口信息的基础上，核实核准全省农村贫困人口中"因病致贫、因病返贫"家庭数量、患病人数和所患病种等。优先为农村贫困人口每人建立1份动态管理的电子健康档案和1张服务功能比较完善的健康卡，推动贫困家庭与乡村医生或乡镇卫生院医生签约服务，提供健康教育、预防接种等基本公共卫生和医疗服务，加强健康管理。贫困户患者如果得了高血压、糖尿病、精神病等慢性病，由镇、村签约医生定期上门指导患者服药，以及开展宣传健康知识。

## 五、开展集中救治与分类救治

"三个一批"行动计划：贫困户患有11种大病的进行集中救治一批，患慢性病的由镇、村医生签约服务管理一批，患重大疾病的由政府兜底保障一批。通过"三个一批"能够有效地解决因病致贫、因病返贫，实现贫困户顺利脱贫。

大病集中救治：贫困户家的儿童患先天性心脏房间隔缺损、先天性心脏室间隔缺损、先天性动脉导管未闭、先天性肺动脉瓣狭窄、急性淋巴细胞白血病以及儿童急性早幼粒细胞性白血病、结肠癌、直肠癌、食道癌、胃癌、终末期肾病等11种大病均可以得到集中救治。贫困户患者被确诊为以上11种大病之一，由签约医务人员帮助联系推介，选择定点医疗机构进行治疗并协助办理报销手续。可以到县区、市级、省级定点医院集中治疗，个人负担10%的治疗费用。

大病分类治疗：对于小儿先天性心脏病、唇腭裂、白内障等一次性能够治愈的疾病，集中力量进行治疗。对于结核病、艾滋病、肝炎等，需要维持治疗的，安排定点医院治疗。需要长期治疗和健康管理的疾病，确定定点医院或基层医疗卫生机构进行治疗和健康管理。

## 六、落实分级诊疗制度

### （一）进一步规范医疗集团、医联体运行机制

全省所有三级医院都要牵头组建医疗集团或医联体，所有二级和一级医院（含乡镇卫生院和社区卫生服务中心）都要参加医联体。在农村，鼓励实施"三级医院+县级医院+镇卫生院"的医疗服务模式，建立紧密型的逐级技术帮扶关系，促进优质资源下沉。发挥县级医院基层三级网络"龙头"作用，进一步深化县、镇一体化改革，通过下派管理人员和技术骨干，接收下级人员进修学习，提高基层基本医疗服务能力。医联体或医疗集团内，各级医疗机构要按照各自功能定位实行分工协作。

在三级医院及其协作关系的二级医院和基层医疗卫生机构间逐步推进分工合作的日间手术模式。各级医疗机构和医联体或医疗集团内部要对同级医疗机构和上级医疗机构的检验、影像、病理等检查结果实行互认。探索设置医学影像诊断中心、医学检验实验室等独立医疗机构，实现区域资源共享。

### （二）推行分级诊疗制度

实行首诊负责制和双向转诊制度，扩大服务范围，引导患者合理就诊，减轻群众负担。参合群众得病后先到乡镇卫生院(或社区卫生服务中心)就诊，如果乡镇卫生院看不了就应当给患者开转诊单，转往县级医院；如果县级医院看不了就再开转诊单转往市级或省级医院。假如没有转诊单，那么报销比例将降低10%以上。但

急诊、孕产妇、危重病患者、65岁以上老人、5岁以下婴幼儿、重大传染病、急性感染性疾病等不用转诊单。对于符合分级诊疗规范的参合贫困人口，在县以上医疗机构住院报销比例的基础上再提高10个百分点。

## 七、加强贫困地区医疗卫生服务体系建设

### （一）三级医院对口帮扶

组织省内三级医院（含驻陕部队）和省际对口帮扶医院，与贫困县的县级医院建立稳定持续的"一对一"帮扶关系，签订《帮扶责任书》，明确目标任务。采用"组团式"帮扶方式，向贫困县的县级医院派驻一名院长或副院长和至少五名中、高级医务人员驻点帮扶，帮助建立针对当地疾病的临床诊疗科目，重点加强近三年县外转出率排名前5—10位的临床专科能力建设，培训人员，推广适宜医疗技术，提高服务能力和管理水平。帮扶双方建立远程医疗平台，开展远程诊疗服务。紧密结合医改，三级医院推行医联体+全科医生，开展县镇一体化、村镇一体化改革，促进优质医疗资源下沉，提高资源利用率。

### （二）加强贫困地区、县、乡村三级医疗卫生服务机构标准化建设

按照"填平补齐"原则，实施县级医院、乡镇卫生院、村卫生室标准化建设，使每个贫困县达到"三个一"目标，即每县至少有1所二级甲等的公立医院（含中医院），每个乡镇有1所政府举办

的标准化乡镇卫生院，每个行政村有1个规范化卫生室。中医医院要突出中医特色，加强专科建设，县医院、乡镇卫生院设立中医科，乡村医生能够运用中医药诊疗手段诊治常见病和多发病。加强贫困县远程医疗能力和信息化建设，提高医疗服务水平。加强贫困地区疾病预防控制、妇幼保健等专业公共卫生机构基础设施和服务能力建设。

**（三）强化贫困地区医疗卫生人才培养**

加快医疗卫生人才培养：为贫困地区县乡医疗卫生机构定向免费培养医学类本科生。支持贫困地区实施全科医生和专科医生特设岗位计划。制定符合基层实际的人才招聘引进办法，赋予贫困县一定的自主招聘权，落实医疗卫生机构用人自主权。继续实施"农村基层人才振兴计划"、为县及县以下医疗机构定向招聘万名医学类本科生计划，加快人员招聘引进的步伐，解决农村基层医疗卫生专业人员短缺的问题。

加强继续医学教育：住院医师规范化培训、骨干医师等培训计划向贫困地区倾斜，县镇医疗卫生机构专业人员5年内每人接受半年以上的培训，提高技术水平。到2020年，实现基层医疗机构每万人口至少有2名全科医生。

加强乡村医生队伍建设：分期分批轮训乡村医生，5年内每名乡村医生接受3个月以上的培训。到2020年，每个村卫生室至少有1名达到中等医学专业毕业水平的乡村医生。落实乡村医生的报酬待遇，提高补助标准，稳定乡村医生队伍。支持和引导符合条件的贫困地区乡村医生按规定参加城镇职工基本养老保险。

## 八、关注重点人群健康状况

公共卫生服务：全面实施基本公共卫生服务项目。落实12大类45项国家基本公共卫生服务项目，确保农村贫困人口免费享受国家基本公共卫生服务。

重点疾病防控：落实6种重点传染病专病专防策略和地方病综合防控措施，有效控制传染病和地方病。加强原发性高血压、Ⅱ型糖尿病等慢性病和严重精神障碍患者的管理工作，提高管理干预水平。

妇幼保健工作：将孕产妇系统保健免费基本服务项目覆盖所有贫困县，继续实施农村孕产妇住院分娩补助、农村妇女"两癌"检查，全面实施贫困儿童营养改善项目。加强优生优育工作，全面开展贫困地区新生儿疾病筛查服务，大力推进出生缺陷综合防治，提高出生人口素质。

计生特殊家庭帮扶计划：全面实施一对夫妇可生育两个孩子的政策，优化计划生育服务管理。落实计划生育"失独"家庭一次性补助金、计划生育"失独"家庭父母扶助金政策，全面落实"失独"家庭养老、保险、医疗、丧葬等救助政策。完善计划生育贫困家庭扶助政策，开展系列帮扶活动，在产业开发、危房改造、移民搬迁、子女教育、就业创业等方面予以优先照顾，加快脱贫步伐。

"光明扶贫工程"：陕西各市在所属各县"光明扶贫工程"定点医院实施陕西省"光明扶贫工程"，对建档立卡贫困白内障患者进行免费救治。

## 九、全面实施贫困地区疾病控制"八大行动"

（一）实施健康知识普及行动，着力增强贫困地区群众的健康素养；

（二）实施健康促进行动，着力引导贫困地区群众养成健康的生活方式；

（三）实施基本公共卫生服务补"短板"行动，着力提升贫困地区群众受益水平；

（四）实施重点传染病专病专防行动，着力提升精准防治水平；

（五）实施慢性病、地方病综合防治行动，着力提升防治的有效性；

（六）实施妇幼保健行动，着力提升贫困地区农村妇女儿童健康水平；

（七）实施农村环境卫生整洁行动，着力改善贫困地区群众健康生活条件；

（八）实施全民健身普及行动，着力提高贫困地区群众身体素质。

## 十、大健康格局：健康陕西2030

持续推进健康陕西建设的重点工作：一是持续推进综合医改试点，建立完善五项基本制度。二是坚持精准脱贫，持之以恒打好健康扶贫攻坚战。三是加大倾斜力度，全面提升基层医疗卫生机构服务能力。四是加快建立优质高效的医疗服务体系，全面提升医疗服务水平。五是强化源头管控，全面加强公共卫生工作。六是积极实施"两孩"政策，推动生育和相关政策配套衔接。七是加快信息化建设步伐，全面打造智慧健康服务。八是传承发展中医药事业，促进健康服务业发展。九是充分调动医务人员的积极性和主动性。十是统筹推进其他工作。

推动健康关口前移：预防是最经济、最有效的健康策略。陕西省会率先推动健康关口前移，从关系群众健康的最基本、最前沿、最薄弱的公共卫生抓起，推动卫生与健康事业从"以治病为中心"转向"以健康为中心"，从注重"治已病"转向注重"治未病"，真正夯实全民健康基石。同时，还将跳出卫计抓健康，发挥大健康统筹协调职能，推动将健康融入各部门、各行业政策制定和实施当中，从人的生命起点到终点，提供系统、连续的预防、保健、治疗、康复、促进等系列健康服务。

实施"健康陕西"战略：自2018年起，实施作为全省战略的"健康陕西"战略，是新时代陕西省卫生计生工作的主题主线。认真落实《健康陕西2030规划纲要》，着力构建大卫生、大健康格局。在重大政策制定、规划编制和工程项目建设等方面，守住健康"红线"，从源头上消除影响健康的各种隐患。成立省级专门机构，负责健康陕西建设的组织协调工作，制定健康陕西建设监测及考核办法。深化健康村镇、健康社区、健康学校、健康机关、健康企业等健康细胞建设，全方位提升居民健康素养水平。

"健康陕西"建设两个阶段：到2020年，基本形成"健康陕西"框架，覆盖城乡居民的基本医疗卫生制度基本建立，影响健康的突出问题得到有效解决，人民健康素养水平持续提高，人人享有基本医疗卫生服务和基本体育健身服务，健康产业体系比较完善，健康环境明显改善，主要健康指标达到西部领先水平；到2030年，健康陕西基本建成，促进全民健康的制度体系更加完善，人人享有高质量的健康服务和高水平的健康保障，人民更加健康长寿，环境更加健康优美，社会更加健康和谐，各项健康指标大幅提升。

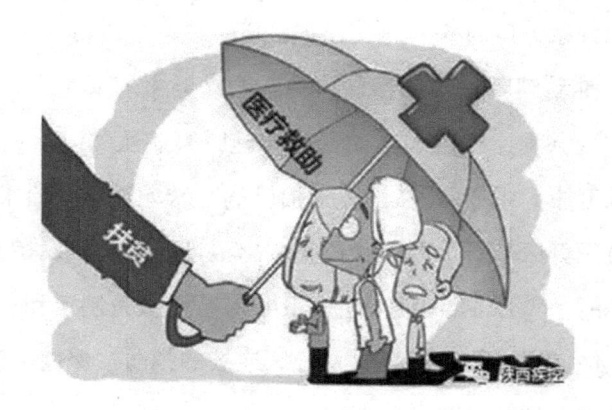

图 8-1　健康扶贫

# 第九章

## 扶志：带你看懂脱贫"尖兵"如何发力

### 一、培育贫困村创业致富带头人

#### （一）培育计划介绍

培养目标：致富带头人是农村实用人才队伍的重要组成部分。致富带头人的培育要按照"政府主导、多方参与、产业引领、精准培养"的工作途径，紧扣"能力培训、孵化创业和带动增收"三大环节，通过科学有效的工作机制和强有力的政策扶持，培养一大批创业能成功、带动见实效的致富带头人，帮助扶贫对象增收脱贫。以2017年年底未退出的贫困村为重点，到2020年力争为每个建档立卡贫困村平均培养3—5名致富带头人。

基本原则：政府主导，优选人才；程序公开，公正透明；产业引领，带动增收；创新机制，注重实效；统筹资源，合力推进。

培育对象：根据《陕西省扶贫创业致富带头人培训工程实施方案》，培育对象为思想素质好有带动贫困户增收脱贫责任心，有一定创业能力、创业基础和创业方向,带动能力较强的扶贫创业者。

培训内容:扶贫创业致富带头人培训是指由各级扶贫机构组织或参与组织的,针对贫困地区扶贫创业带头人的免费培训。根据国务院扶贫办"雨露百事通"APP,创业培训方向为:种植、养殖、电商、光伏、乡村旅游、加工业、销售业、民间手工艺、服务业、交通运输、建筑业、再生资源开发、自然资源开采、教育培训、休闲农业、养生保健等。

培训内容设置要以拓思路、换脑子、学技术、找路子为目的。坚持与当地扶贫产业布局相结合,与市场需求相结合,与致富带头人创业实践相结合。在培训中结合典型案例教学,深入总结致富带头人带贫益贫的典型案例,采取案例教学或经验交流形式,促进相互学习借鉴,提高致富带头人带贫益贫意识和创业能力。

办理程序:

①个人报名,申请人通过"雨露百事通"手机APP或登录雨露计划网(www.yulujihua.com)在线填写、提交《扶贫创业致富带头人申请表》,并做出带动承诺。

②贫困村推荐,驻村工作队和村两委会上网在线推荐候选人。

③乡镇初审,乡(镇)政府对候选人基本情况进行初步审核后,网络上报县级扶贫部门。

④县级确定,县级扶贫部门要摸清培训需求,根据申请情况、结合当地产业发展实际,最终确定培训对象。创业扶持:扶贫创业带头人在创业过程中享受省政府《关于进一步做好新形势下就业创业工作的实施意见》(陕政发〔2015〕26号)、省政府办公厅《关

于支持农民工等人员返乡创业的实施意见》(陕政办发〔2015〕88号)等文件规定的扶持政策。具体培训工作由各县研究确定。

**(二)相关配套措施**

建立致富带头人服务机构:成立县级致富带头人服务中心。

完善创业项目用工带贫制度:致富带头人在贫困村领办创办产业项目。原则上吸纳贫困人口就业(或者带动贫困人口参与产业发展)不低于总用工数(或者总带动人口数)的15%。

完善资产收益扶贫益贫制度:鼓励没有家庭经营能力的贫困户通过出租、入股等形式将土地经营权流转到产业项目。

完善致富带头人孵化创业跟踪制度:各相关部门要加大项目扶持力度,年度产业项目安排要重点向致富带头人在贫困村创办的企业、农民合作社、家庭农场等新型农业经营主体倾斜。帮助致富带头人通过电商平台或展销会等对产品进行展示展销,拓宽销售渠道,为致富带头人创业创造条件、提供帮助。

完善金融支持政策:各金融机构要针对致富带头人领办创办项目的特点,创新金融产品和服务,在依法合规、风险可控、商业自愿的前提下,重点加大对带动能力强、发展前景好的创业项目的支持力度。建立健全贫困地区融资风险分担和补偿机制,落实扶贫贷款贴息、创业担保贷款贴息、农业保险保费补贴等政策,支持符合条件的致富带头人兴办创业项目。

创新机关事业单位在职(退休)人员回村创业支持政策:对符合条件的机关事业单位在职(退休)人员回流贫困村参加致富带头人培训并领办创办经营主体。在回村创业期间,按照有关规定给予离岗后保留人事关系、岗位、福利待遇等政策措施，解决其回村创业的后顾之忧，激发创业动力和信心。

## 二、系统开展扶贫干部培训

### （一）干部培训的对象与措施

扶贫系统干部。围绕当好党委和政府参谋助手、发挥统筹协调作用、落实专项扶贫任务等，加强对全省扶贫系统干部培训。市级扶贫部门组织对本部门其余干部、县扶贫部门班子成员的轮训。县级扶贫部门加强对本单位干部、乡镇扶贫专干、村级扶贫信息员的培训。

帮扶干部。围绕掌握脱贫攻坚政策举措，运用精准帮扶方式方法，提高帮扶工作水平等。有脱贫攻坚任务的市县党委组织部门、扶贫部门和相关部门要按照干部管理权限，在2019年年底之前把各类帮扶干部培训一遍。

贫困村干部。围绕提高抓党建促脱贫攻坚、落实脱贫政策举措、带领群众脱贫致富等实际工作能力，加强对贫困村"两委"成员、第一书记、驻村干部、大学生村干部、乡镇包村干部等的教育培训。于2019年年底之前轮训一遍。省、市组织部门、扶贫部门组织开展贫困地区村党组织书记、村委会主任、大学生村干部示范培训。有脱贫攻坚任务的县委组织部门、扶贫部门每年至少组织一次贫困村党组织书记、村委会主任和第一书记轮训，统筹抓好贫困村"两委"成员、驻村干部、大学生村干部、乡镇包村干部、集体经济组织负责人、致富带头人、实用人才等教育培训。

### （二）干部培训的主要内容

学习习近平同志关于扶贫重要论述，增强责任感与使命感。把习近平新时代中国特色社会主义思想特别是扶贫思想作为扶贫干部教育培训中心内容，组织干部原原本本研读习近平总书记在中央扶贫开发工作会议和东西部扶贫协作座谈会、深度贫困地区脱贫攻坚座谈会、打好精准脱贫攻坚战座谈会等会议上的重要讲话，学习习近平总书记关于扶贫开发的一系列重要指示精神和干部担当作为等重要论述，深刻领会和准确把握蕴含其中的精神实质、丰富内涵、思想方法、实践要求等，切实增强责任感和使命感，坚定信心，明确方向。

学习脱贫攻坚方针政策，提高政策业务水平。深入学习领会党的十八大以来党中央关于脱贫攻坚的方针政策和党的十九大关于打赢打好脱贫攻坚战、实施乡村振兴战略等新部署、新要求，准确把握脱贫攻坚取得的重大进展，准确把握脱贫攻坚面临的新形势、新任务，准确把握贫困分布、贫困结构、攻坚重点等发生的重要变化，准确把握脱贫攻坚目标标准、基本原则、政策举措、重点工作等，准确把握产业扶贫、就业扶贫、生态扶贫、教育扶贫、健康扶贫、基础建设、安全住房、财政金融支持、兜底保障等政策措施，确保党中央和省委、省政府的各项部署要求落到实处。

学习精准扶贫、精准脱贫工作方法，提高工作实效。重点围绕扶持谁、谁来扶、怎么扶、如何退"四个问题"，组织开展专题培训，帮助干部学习掌握对象识别、项目安排、资金使用、措施到户、因村派人（第一书记）、脱贫成效等"六个精准"，学习掌握发展生产脱贫、易地搬迁脱贫、生态补偿脱贫、发展教育脱贫、社会保障兜底等"几个一批",学习掌握精准扶贫及精准脱贫方法、扶贫工作新知识及新技能、实践中的好做法及好经验、开展群众工作的具体方法,增强扶贫干部执行能力,不断提高帮扶效果。

加强扶贫领域作风教育,锻造作风过硬的扶贫队伍。强化党的宗旨和优良作风教育,引导干部坚持以"人民为中心"的发展思想,牢固树立正确政绩观,弘扬艰苦奋斗精神,大兴求真务实之风,扶真贫、真扶贫,让贫困群众在脱贫中有实实在在的获得感。以"脱贫攻坚作风建设年"为契机,强化反"四风"教育,引导干部坚决克服和自觉抵制扶贫领域存在的形式主义、官僚主义等作风问题。加强法律法规学习培训,开展扶贫领域正、反面典型教育,引导干部见贤思齐,筑牢思想防线。针对扶贫任务重、干部压力大的实际,注意开展心理调适方面的培训。

## 三、扶贫扶志"六大行动"加强风气建设

为充分激发群众脱贫攻坚的内生动力,陕西把解决"素质贫困"作为贫困群众脱贫的原动力,坚持精神扶贫与物质扶贫同促进,通过加强民风建设,在全省开展了扶贫扶志"六大行动",引导贫困群众转变落后观念,唤起脱贫致富斗志。

### (一)"党建引领"提升行动

认真进行扶贫干部队伍建设。2015年以来,先后为6852个建档立卡贫困村、714个"升级晋档"差类村和1609个软弱涣散后

进村派驻第一书记。整合队伍，严格管理。将扶贫工作队、包村干部、第一书记、贫困村两委班子"四支队伍"进行整合，由县级统一管理；同时严格第一书记和驻村干部管理，每月驻村时间不少于20天。

扶贫干部严格监督管理。出台能上能下、鼓励激励、容错纠错"三项机制"，树立鲜明用人导向，促进干部在脱贫攻坚中甘于担当；制定"十条铁规"，为脱贫攻坚战提供强力保障。加强监督问责。推行"一竿子插到底"统计督查制度，针对群众反响强烈的问题，加大查处力度；对党员干部违反纪律规定，有污民风、有损民风的，严肃执纪问责，切实以良好的党风带政风、化民风。

## （二）"教育引导"树德行动

开设"道德讲堂"。在农村（社区）、机关、企事业单位广泛设立"道德讲堂"，让道德模范、身边好人走上讲台现身说法，以身边事教育身边人，形成争当先进的浓厚氛围。

开展"文艺下乡"活动。充分发挥文化馆、文艺社团、村民自乐班的作用，创作一批教育意义强、群众喜闻乐见的地方戏、文艺小品、励志歌曲等，把优秀文化产品送到农村集市广场、村庄院落和田间地头，引导群众求真向善。

用好传世家训家规。挖掘推广符合社会主义核心价值观，有影响、有教化的好的传世家训家规，进村组、进社区、进家庭，以家风建设正德树人、淳化民风。引导群众注重家庭教育，培育百姓好家风。

### (三)"村规民约"自治行动

充分发挥村民自治在民风建设中的基础保障作用。结合地方实际,制定村规民约,明确违约责任和处罚方式,形成广大群众普遍接受的行为准则。如商洛市镇安县制定村规民约,倡导婚礼一次过,农村婚礼随礼不超过100元,城区婚礼随礼最高不超过200元,要求主办方不放鞭炮、不请豪车、不占用公共场所,不上高档菜、不上高档酒、不上高档烟,当天酬谢亲友,一次办结;切实通过规范引导群众移风易俗,实现自我管理和约束,塑造和弘扬社会正能量。

注重引领树立标杆。注重规范党员、干部和公职人员操办婚丧喜庆事宜、带头移风易俗的纪律规定,完善事前报告、事中监督、事后备案制度,强化监督执纪,严肃责任追究,为群众树立标杆。

### (四)"文明模范"创建行动

结合实际,积极组织开展道德模范评选表彰活动。通过加大典型宣传,增强道德模范典型感召力,树立明确的"风向标",增强贫困群众见贤思齐的"正能量"。如安康市按照"诚、孝、俭、勤、和"五方面设定标准,开展新民风道德评议活动,通过"群众说、乡贤论、榜上亮",对好人好事、善行义举上榜褒扬,对"不诚、不孝、不俭、不勤、不和"等问题,上榜公布,贬斥失德失范。结合精神文明创建,广泛开展道德模范、勤劳致富典型、最美家庭、身边好人、美德少年、好婆婆、好媳妇等评议表彰活动;组织开展中国好人、陕西好人推荐评议，切实发挥正面引领、典型示范作用，用身边人、身边事影响人、教育人，培育贫困群众积极向上的精神风貌。

（五）"公益救助"暖心行动

积极倡导邻里互助。根据地理区域、宗族关系、生活习惯的不同，探索建立邻里互助会，制定相关管理制度措施，采取捐助、行助、心助等形式，相互帮助，解决群众困难与难题。

建立孝德基金。一方面，动员社会各界捐集爱心基金，积极发动爱心企业、在外知名人士、包联单位、村内干部、致富带头人等捐助爱心基金；另一方面，成立村孝德基金领导小组，通过"子女拿一点、社会捐一点、财政补一点"的办法，在村上成立养老基金，改善贫困老人生活质量。

建立爱心超市。以帮助弱势群体为重点，采取"社会扶持、多方资助、村（社区）管理、关注弱势"的运行模式，定期向低保户、低保边缘户、孤寡伤残家庭和因突发事件导致贫困的家庭发放生活必备品，群众也可根据自身需求选购物品，各取所需，实现精准帮扶。

（六）"司法保障"护航行动

坚持依法治理与以德治理相结合。认真贯彻"七五"普法规划，开展法治宣传教育，通过运用群众身边案例以案说法、以法释理，着重解决部分群众法治意识淡薄、信访不信法等问题，稳步提高群众学法、知法、用法、守法的自觉性。

健全基层法律服务体系。完善多元化矛盾纠纷解决机制，推进基层法制建设；坚决依法惩治"村霸"和宗族势力犯罪，突出打击为其充当"保护伞"的职务犯罪，持续整治社会治理突出问题，严厉打击违法犯罪，让言有所规、行有所止。

实行公益诉讼。依法坚决打击损害公众利益和不履行赡养义务、虐待妇女儿童等行为，以法治促进新民风建设。

### 四、加强技术培训　打造就业平台

打造劳务输出和就业平台。加大贫困地区劳务输出培训力度，支持贫困地区建立就业和社保服务平台，引导企业在贫困地区建立劳务培训基地，开展订单定向培训；建立和完善输出地与输入地劳务对接机制；加大对贫困地区农民工返乡创业政策扶持，组织实施农民创业示范工程；对在城镇工作生活一年以上的贫困人口，输入地政府要承担相应的帮扶责任；在高校和高职开设扶贫特色产业培训班，免费培训未考上大学的贫困家庭学生；对贫困家庭离校未就业的高校毕业生加强就业援助，落实就业见习和公益性岗位托底安置政策；鼓励驻地企业优先招收本地贫困户子女就业。

开发就业扶贫公益专岗。开发公益岗位以就业扶贫为目的，开发的岗位类型、用工条件等要充分考虑贫困劳动力就业需求。公益专岗的工资水平不得低于当地最低工资标准，应同工同酬。公益专岗招聘对象为建档立卡贫困劳动力，各级扶贫部门负责应聘人员的资格审核。公益专岗的管理遵循"谁用人、谁管理、谁负责"的原则，用人单位与从业人员建立规范的用工关系，用工期限不低于1

年，工资待遇由用人单位支付。鼓励用人单位长期留用贫困劳动力就业。

加深苏陕劳务协作。两省10对结对地、市签署《开展订单式就业培训合作协议》。西安市与苏州市、宝鸡市与徐州市、咸阳市与泰州市等10对结对地、市签署《开展订单式就业培训合作协议》，西安市技工学校与太仓市同维电子有限公司、陕西能源职业技术学院与扬子江药业集团有限公司等10对学校与企业，以及渭南技师学院与镇江技师学院、安康职业技术学院与常州技师学院等5对学校分别签署合作协议。

高校扶贫培训计划。根据《陕西特色产业高校扶贫培训计划实施方案》，陕西省各高校根据自身办学特色，将提高贫困家庭参训人员的技术技能作为培训的主要目的，开展主题鲜明的技能培训，让学员"点单"，专家"主厨"，做到"一班一案一特色"。杨凌职业技术学院与眉县、周至、麟游等3个县政府签订了校政扶贫合作协议，建立了3个职业农民培训学院，并组织开展了针对当地特色产业的培训工作。陕西交通职业技术学院安排专人到西乡县农村调查了解群众需求，力争做到精准培训。截至目前，共有69所高校报送了培训方案。按照方案要求，到2020年，我省高校每年支持一批建档立卡的贫困家庭人员免费接受相应的技术技能培训。通过培训，帮助他们提高就业本领和创业能力，促进再次就业和自主创业，培养更多的致富能人，推进全面建成小康社会。

培训关注残疾贫困群体。为帮助贫困地区的贫困残疾劳动力尽快脱贫致富，省残联从扶智、扶技入手，瞄准市场需求，围绕"提升贫困残疾妇女就业技能水平"这一核心，开设手工制作技艺专题培训项目，组织"千名贫困残疾妇女手工制作"培训班使残疾人群体也能够接受培训，掌握技术，获得脱贫致富的本领。

## 五、增强模范宣传　提高典型示范

### （一）多途径开展脱贫攻坚宣讲工作

为了加强脱贫攻坚宣讲工作，省委宣传部、省委讲师团制定了《脱贫攻坚宣讲工作方案》，组建宣讲团深入一线讲政策、传经验、说典型。省级"我的脱贫故事"宣讲团深入贫困村为3万余人进行宣讲，带动市县全面开展宣讲活动。各地普遍采取"专家讲理论、干部讲政策、群众讲故事"的方式，开展集中宣讲3.67万余场，直接受众达到286.38万余人次。

省直各宣传思想文化单位也纷纷助力脱贫攻坚宣传。陕西日报社强策划、增专刊、推典型，充分发挥党报"集团作战"优势，在重要版面开设专刊、专栏，进行精准宣传；陕西省社科院发挥新型智库优势，激发脱贫内生动力；陕西省戏曲研究院排演扶贫戏剧，服务扶贫一线。西安市组建政策宣讲团30多个，汉中市组建"天汉百姓宣讲团"，安康市倡导"诚孝俭勤和"新民风，铜川市组织举办了"激发内生动力　合力脱贫攻坚"主题展览等，这些扎实有效的宣传宣讲工作，让脱贫志气根植贫困群众心中。

成风化人，润物无声。从关中到陕北、陕南，一场场模范典型的宣讲会不断开展，一个个"懒汉"在勤劳致富的道路上开始前行，身边典型的力量不断激发更多贫困户的积极性、主动性和创造性。有效消除一些贫困群众"习惯穷""争当穷""无奈穷"等思想顽疾，持续激发贫困群众脱贫致富的内生动力。

## （二）有效发挥典型示范作用

陕西省充分发挥典型示范引领作用，广泛宣传民风塑造、思想引导、发展技能、党建引领等脱贫致富道路，涌现出身残志坚、艰辛创业的刘斌，带领乡亲脱贫致富的廖志刚，实干脱贫的邱帮海等一批自强脱贫典型，选树创业致富村干部柯小海、致力于健康扶贫的村医刘永生为"三秦楷模"，深入开展媒体宣传和先进事迹宣讲。这些先进人物及其事迹都深深触动了贫困群众，引起了较大反响。

总结推广脱贫典型，用身边人、身边事示范带动，营造勤劳致富、脱贫光荣的氛围，这让更多的贫困户学习有榜样、赶超有目标、脱贫有力量。如宝鸡市大力开展文化宣传，实施文化惠民，做活文化文章，补足贫困群众的精神之"钙"；商洛市推行"四扶五风六化"主题行动，既扶志扶智也扶技扶德，既重视风气培育又注重实践养成；周至县以"板凳会"拉家常、促感情，以故事会讲致富经验，以宣传队讲党的好政策，赢得群众普遍称赞；铜川市耀州区建立互联互通的微信交流群，在宣传政策、展示动态、讲好故事、提供服务方面持续发力，打通脱贫宣传"最后一公里"。

# 第十章

## 看看社会保障如何兜底脱贫

脱贫攻坚是一项必须坚决完成的重要政治任务,也是改善民生、实现跨越发展的重大机遇。社会保障兜底脱贫是脱贫攻坚这场战役的重要组成部分,是兜底性制度安排,在全面建成小康社会中有着不可替代的基础性保障地位。社会保障兜底脱贫是中国脱贫攻坚提出的"六个脱贫一批"措施的重要组成部分和最后一道防线。在脱贫的路上,必须兜住社会保障底线,织牢织密社会保障这张"网",进一步保障基本民生、强力推进规范化、细化社会救助服务体系建设。认真履行"以人为本,为民解困,为民服务"的工作宗旨,积极落实上级政策,研究制定贫困人口兜底脱贫实施方案,完善各类救助制度,积极探索救助方式,最大限度地方便困难群众,全力落实民政兜底各项政策,尽力做到精准救助,倾情为困难群众脱贫"输血",助力群众扶贫脱贫。

## 一、农村最低生活保障

保障对象：主要是因病残、年老体弱、丧失劳动能力以及生存条件恶劣等原因造成生活常年困难的农村居民。

申请条件：

户籍条件：持有当地常住户口的居民根据户籍类别，分别申请城市居民最低生活保障或农村居民最低生活保障。取消农业和非农业户口划分的地区，如申请人户籍所在地为城镇且居住超过6个月、无承包土地、不参加农村集体经济收益分配，可作为申请城市最低生活保障的户籍条件。

家庭收入条件。共同生活家庭成员在规定期限内人均可支配收入低于当地最低生活保障标准的，可以申请最低生活保障。

家庭财产条件。家庭财产包括共同生活家庭成员拥有的全部动产和不动产，即：现金、存款、有价证券、债权、房屋、机动车辆、船舶以及大型农机具及其他财产。对存款、有价证券、债券的总值人均超过当地上年度人均可支配收入的；拥有商业门面、店铺的；拥有注册企业、公司的；拥有机动车辆（残疾人功能性补偿代步机动车辆除外）、船舶、工程机械、大型农机具等。

以上均不得认定为最低生活保障对象。

保障力度：农村最低生活保障标准由县级以上地方人民政府按照能够维持当地农村居民全年基本生活所必需的吃饭、穿衣、用水、用电等费用确定，并报上一级地方人民政府备案后公布执行。农村最低生活保障标准随着当地生活必需品价格变化和人民生活水平提高适时进行调整。同时实现社会保障政策与扶贫政策进一步对接。

低保申请审核审批程序：

①持有当地常住户口的居民，凡共同生活的家庭成员人均收入低于当地低保标准，且家庭财产状况符合当地人民政府规定条件的，可以申请低保。

②申请低保应当以家庭为单位，由户主或者其代理人以户主的名义向户籍所在地乡镇人民政府（街道办事处）提出书面申请。并履行以下手续：按规定提交相关材料，书面声明家庭收入和财产状况，并签字确认；履行授权核查家庭经济状况的相关手续；承诺所提供的信息真实、完整。

③乡镇人民政府（街道办事处）应当对申请人或者其代理人提交的材料进行审查，材料齐备的，予以受理；材料不齐备的，应当一次性告知申请人或者其代理人补齐所有规定材料。

④乡镇人民政府（街道办事处）应当在村（居）民委员会协助下，组织驻村干部、社区低保专干等工作人员对申请人家庭经济状况和实际生活情况逐一进行调查核实。

⑤经家庭经济状况信息核对，对符合条件的低保申请，乡镇人民政府（街道办事处）应当依程序开展入户调查。不符合条件的，乡镇人民政府（街道办事处）应当书面通知申请人并说明理由。

⑥家庭经济状况调查结束后，乡镇人民政府（街道办事处）应当在村（居）民委员会的协助下，以村（居）为单位对申请人家庭经济状况调查结果的客观性、真实性进行民主评议。

⑦乡镇人民政府（街道办事处）应当根据家庭经济状况信息核

对、入户调查、民主评议等情况，对申请家庭是否给予低保提出建议意见，并及时在村（居）民委员会设置的村（居）务公开栏公示入户调查、民主评议和审核结果。公示结束后，乡镇人民政府（街道办事处）应当将申请材料、家庭经济状况调查结果、民主评议情况等相关材料报送县级人民政府民政部门审批。

⑧县级人民政府民政部门应当全面审查乡镇人民政府（街道办事处）上报的申请材料、调查材料和审核意见，并按照不低于30%的比例入户抽查，提出审批意见。拟批准给予低保的，应当同时确定拟保障金额。不符合条件、不予批准的，应当在做出审批决定3日内，通过乡镇人民政府（街道办事处）书面告知申请人或者其代理人并说明理由。

⑨县级人民政府民政部门应当对拟批准的低保家庭通过乡镇人民政府（街道办事处）、村（居）民委员会固定的政务公开栏、村（居）务公开栏以及政务大厅设置的电子屏等场所和地点进行公示。公示内容包括申请人姓名、家庭成员、拟保障金额等。公示期满无异议的，县级人民政府民政部门对批准给予低保的，发给低保证，并从批准之日下月起发放低保金。对公示有异议的，县级人民政府民政部门应当重新组织调查核实，并对拟批准的申请重新公示。

⑩县级人民政府民政部门对最低生活保障对象的家庭成员、收入情况、保障金额等在其居住地长期公示。

"两线合一"：农村低保标准与扶贫标准的"两线合一"。精准识别农村贫困人口，将符合条件的农村低保对象全部纳入建档立卡范围，给予政策扶持。健全农村低保制度，完善农村低保对象认定办法，将符合条件的建档立卡贫困户全部纳入农村低保范围。对符合低保标准的农村贫困人口实行政策性保障兜底，确保到2020年现行扶贫标准下农村贫困人口全部稳定脱贫。对符合农村低保条件的建档立卡贫困户，按规定程序纳入低保范围，并按照家庭人均收入低于当地低保标准的差额发给低保金。对符合扶贫条件的农村低保家庭，按规定程序纳入建档立卡范围，针对不同致贫原因实施精准帮扶。对通过扶贫开发暂时不能脱贫或脱贫后再返贫的家庭，按规定程序审核后，纳入临时救助、医疗救助、农村低保等社会救助制度和建档立卡贫困户扶贫开发政策覆盖范围。

相关说明：实行渐退低保帮扶，对当年超过低保标准但收入尚不稳定的农村家庭，延续12个月低保政策，其中残疾人家庭可再适度延长救助时限；加大临时救助制度在贫困地区落实力度，帮助农村贫困群众应对突发性、紧迫性和临时性基本生活困难；加快敬老院、幸福院、光荣院、康复中心、托养中心等养老设施建设力度，最大限度实现对孤、残等特困人员的集中供养。

## 二、五保户供养政策

农村五保供养包括下列供养内容：

①供给粮油、副食品和生活用燃料；

②供给服装、被褥等生活用品和零用钱；

③提供符合基本居住条件的住房；

④提供疾病治疗，对生活不能自理的给予照料；

⑤妥善办理丧葬事宜。农村五保供养对象未满16周岁或者已满16周岁仍在接受义务教育的，应当保障他们依法接受义务教育

所需费用。农村五保供养对象的疾病治疗,应当与当地农村合作医疗和农村医疗救助制度相衔接。

### 三、贫困计生户保障政策

#### (一)计划生育家庭奖励扶助政策

①农村部分计划生育家庭奖励扶助制度。对全省农村领取《独生子女父母光荣证》或两个女孩的计划生育家庭,1933年1月1日以后出生、年满60周岁的夫妇,由政府给每人每月发放100元的奖励金。

②农村独女户家庭奖励扶助制度。对全省农村年满55—59周岁、只有一个女孩且领取《独生子女父母光荣证》的计划生育家庭,由政府给每人每月发放100元的奖励金。

③计划生育家庭农村合作医疗补助。对符合条件自愿参加农村合作医疗的农村计划生育家庭,对父母及子女每人每年给予不低于10元的补助。

#### (二)计划生育特别扶助政策

①计划生育家庭特别扶助制度(子女伤残、死亡)。对独生子女三级以上伤残和死亡家庭由政府给予资金上的扶助。独生子女死亡后未再生育或未收养子女的夫妻,年满49岁后,由政府给予每人每月不低于340元的扶助金,年满60岁以后,农村和城镇分别提高到800元、1000元,直至其亡故为止;独生子女伤、病残后未再生育或未收养子女的夫妻,由政府给予每人每月不低于270元的

扶助金，直至其亡故或子女康复为止。

②计划生育家庭特别扶助制度（三级以上计划生育手术并发症人员）。对三级计划生育手术并发症人员，给予每人每月不低于100元的扶助金；对二级计划生育手术并发症人员，给予每人每月不低于200元的扶助金；对一级计划生育手术并发症人员，给予每人每月不低于300元的扶助金。并发症人员治愈、康复或死亡的，应终止发放特别扶助金。

③失独家庭一次性补助。在独生子女家庭失去子女时，对农村家庭，一次性补助2万元，其中精神慰藉费和生活补助费各1万元；对城镇家庭一次性补助3万元，其中精神慰藉费1万元、生活补助费2万元。所需经费，按隶属关系由同级财政承担。

④失独家庭再生育。鼓励失独家庭收养、领养、过继子女，并在办理相关手续时提供方便。对失独家庭有再生育意愿、对自然怀孕有困难的，卫生计生部门免费提供一次人工扶助生殖技术服务，所需经费由省级财政承担。

⑤失独家庭养老安置。对失去生活能力以及年龄在60周岁以上未再生育和收养子女的失独家庭夫妇，按照就地、就近、方便、自愿的原则，由户籍所在县（市、区）人民政府安置在当地公立养老机构生活，所需费用由县级财政直接拨付。对于个人自愿入住非公立养老机构的，其费用按照公立养老机构费用标准，由县级财政直接拨付，不足部分由个人承担。对自愿居家养老，且生活有困难、失能半失能的，由政府通过购买服务的方式为其提供必要的生活照料等服务。

⑥失独家庭殡葬救助。对2016年1月1日后死亡的失独家庭

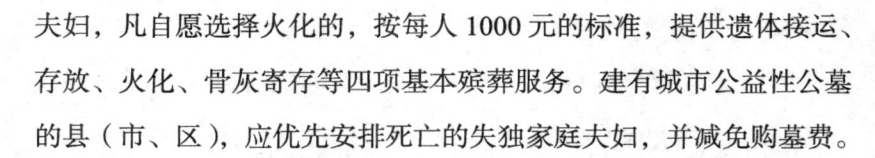

夫妇，凡自愿选择火化的，按每人1000元的标准，提供遗体接运、存放、火化、骨灰寄存等四项基本殡葬服务。建有城市公益性公墓的县（市、区），应优先安排死亡的失独家庭夫妇，并减免购墓费。

⑦计划生育特殊家庭就医绿色通道。计划生育特殊家庭成员凭"陕西省计划生育特殊家庭方便就医卡"在全省定点医院就医时享受优先挂号、优先就医、优先交费、优先检查、优先住院的优惠政策。

⑧计划生育特殊家庭住院护理保险。对符合条件的全省计划生育特殊家庭的父母，由省卫生计生委为全省计生特殊家庭父母办理不低于50元/年的住院护理保险。

⑨计划生育特殊家庭关怀关爱。一是建立信息档案制度和"一对一"联系人工作机制，为每个家庭建立信息档案，并对基本信息实时更新，建立"一对一"联系人帮扶工作机制。二是积极开展心理咨询和精神慰藉，通过多种方式开展计划生育特殊家庭心理抚慰工作。三是加强日常照料和养老照护，要加强对计划生育特殊家庭日常生活照料，帮助他们解决生产生活中存在的问题。四是开展医疗救助，建立家庭医生签约服务制度，各级卫生计生部门要组织基层医疗卫生机构为计划生育特殊家庭提供家庭医生签约服务，根据特殊家庭的实际需要定期巡诊，提供出诊、家庭护理、健康咨询、社区康复指导等服务。同时，对60岁以上的计划生育特殊家庭成员开展中老年保健知识宣传，每年组织进行一次健康体检。

## 四、养老保险与失业保险

养老保险：结合全民参保计划，落实贫困人口各项参保优惠及代缴补贴政策，重点做好为建档立卡未标注脱贫的贫困人口、低保对象、特困人员等困难群体代缴城乡居民养老保险费。支持和引导符合条件的乡村医生按规定参加城镇职工基本养老保险。还要逐步提高城乡居民基本养老保险的待遇水平。指导各地建立城乡居民基本养老保险待遇确定和基础养老金正常调整机制。根据经济发展和居民收入水平增长情况，逐步提高城乡居民基本养老保险最低缴费标准和基础养老金标准。到 2020 年，全面落实社会保险扶贫政策，实现贫困人口基本养老保险全覆盖。

失业保险：将深度贫困地区参保职工申领技能提升补贴条件由参保缴费累计满 3 年放宽至满 1 年。深度贫困地区失业保险金标准上调至最低工资标准的 90%，防范因工伤、失业致贫返贫现象的发生。

## 五、困难残疾人生活补贴和重度残疾人护理补贴

补贴对象：困难残疾人生活补贴对象为具有陕西省户籍并持有第二代中华人民共和国残疾人证，最低生活保障家庭中的残疾人，以及非最低生活保障家庭中残疾等级为一级、二级、三级的低收入残疾人和其他困难残疾人。重度残疾人护理补贴对象为具有陕西省户籍并持有《第二代中华人民共和国残疾人证》，残疾等级为一级、

二级且需要经常照护的残疾人。

补贴标准：困难残疾人生活补贴标准为18周岁以下（不含18周岁）每人每月100元，18周岁以上（含18周岁）每人每月60元。重度残疾人护理补贴标准为一级残疾人每人每月120元、二级残疾人每人每月80元。

申请方法：残疾人两项补贴由残疾人通过村民委员会（社区、居民委员会）向户籍所在地乡镇政府（街道办事处）受理窗口提交书面申请，乡镇政府（街道办事处）审核后报县（区）残联审批。县（区）残联审核后，对符合条件的发给《残疾人生活补贴发放证》，对不符合条件的书面告知原因。残疾人的法定监护人，法定赡养、抚养、扶养义务人，所在村民（居民）委员会或其他委托人可以代为办理申请事宜。申请残疾人两项补贴应提交居民身份证、第二代中华人民共和国残疾人证等证明材料。

## 六、高龄老人生活保健补贴

发放范围：根据《陕西省高龄老人补贴发放管理暂行办法》，凡具有陕西省户籍，年满70周岁以上的老年人，依据本人申请，均可享受高龄补贴。

补贴标准：年满70—79周岁老年人，每人每月发放50元；年满80—89周岁的老年人，每人每月发放100元；年满90—99周岁的老年人，每人每月发放200元；年满100周岁及以上的老年人，每人每月发放300元。各地按照"就高不就低"的原则，继续执行当地已经出台的老年人优待政策。

## 七、临时救助制度

### （一）什么是临时救助制度

临时救助是国家对遭遇突发事件、意外伤害、重大疾病或其他特殊原因导致基本生活陷入困境，其他社会救助制度暂时无法覆盖或救助之后基本生活暂时仍有严重困难的家庭或个人给予的应急性、过渡性的救助。临时救助由民政部门负责实施。临时救助的对象包括家庭对象和个人对象。家庭对象：因火灾、交通事故等意外事件，家庭成员突发重大疾病导致基本生活暂时出现困难的家庭；因基本生活必需品价格上涨、家庭成员身患疾病维持基本医疗、接受非义务阶段教育等原因，导致生活必需支出费用超出家庭承受能力，基本生活暂时出现困难的家庭；县级以上政府规定的因其他困难，导致基本生活陷入困境的家庭。个人对象：因遭遇火灾、交通事故、突发重大疾病或者其他特殊困难，暂时无法得到家庭支持，导致基本生活陷入困境的个人。其中，符合生活无着的流浪、乞讨人员救助条件的，由县级政府按有关规定提供临时食宿、急病救治、协助返回等救助。

### （二）有哪些临时救助的方式

①发放临时救助金。按照财政国库管理制度，将临时救助金直接支付到救助对象个人账户；必要时，可直接发放现金。

②发放实物。根据临时救助标准和救助对象基本生活需要，可以采取发放衣物、食品、饮用水，提供临时住所等方式予以救助。

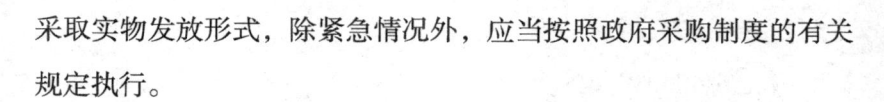

采取实物发放形式，除紧急情况外，应当按照政府采购制度的有关规定执行。

③提供转介服务。对给予临时救助金、实物救助后，仍不能解决临时救助对象困难的，可以分情况提供转介服务。对符合最低生活保障或医疗、教育、住房、就业等专项救助条件的，要协助其申请；对需要公益慈善组织、社会工作服务机构等通过慈善项目、发动社会募捐、提供专业服务、志愿服务等形式给予帮扶的，应当及时转介。

④临时救助标准原则上按当地1—6个月的城市最低生活保障标准确定。以家庭为救助对象的，按共同生活家庭成员人数乘以临时救助标准计发。县级以上政府应当根据救助对象困难类型、困难程度等，统筹考虑其他社会救助制度保障水平，制定临时救助具体标准并向社会公布。

## 八、特殊群体关爱服务

建立健全留守儿童、留守妇女、留守老人和残疾人关爱服务体系。建立翔实完备、动态更新的农村"三留守"人员和残疾人信息管理系统；加强儿童福利院、救助保护机构、特困人员供养机构、残疾人康复托养机构、社区儿童之家等服务设施和队伍建设，不断提高管理服务水平；建立家庭、学校、基层组织、政府和社会力量相衔接的留守儿童关爱服务网络，健全孤儿、事实无人抚养儿童、低收入家庭重病重残等困境儿童的福利保障体系；全面建立困难残疾人生活补贴和重度残疾人护理补贴制度；对低保家庭中的老年人、未成年人、重度残疾人等重点救助对象，按照低保标准增发补助金；引导和鼓励社会力量参与特殊群体关爱服务工作。

### 九、城镇扶贫工作

高度关注城镇扶贫工作。对城镇贫困居民进行识别和建档立卡，实施动态管理。加强城镇扶贫工作的统筹规划，脱贫任务和责任落实到街道和社区。在民生兜底、保障基本生活的基础上，实现城镇贫困群众有房住、有工作、有医保救助。健全最低生活保障制度，对符合条件的城镇贫困居民应保尽保；把城镇贫困户纳入保障房建设计划，加快棚户区改造力度，确保每个城镇贫困家庭都有一套房；强化就业培训，创造就业创业条件，增设公益性岗位，使每个城镇家庭至少有一人就业；完善社会保障体系，将每个城镇贫困居民都纳入医疗保险和医疗救助体系。

# 第十一章

# 脱贫攻坚典型案例和成功实践

2019年1月3日,《中共中央国务院关于坚持农业农村优先发展做好"三农"工作的若干意见》明确指出:"聚力精准施策,决战决胜脱贫攻坚。""总结脱贫攻坚的实践创造和伟大精神。"由此可见,对于脱贫攻坚既要重视问题导向,也要注重创新导向或经验导向,从而推动减贫工作迈上新的台阶,为如期高质量打赢脱贫攻坚战贡献力量。这里节选部分具有一定代表性的好经验、好做法。

## 镇巴系统扎实开展健康扶贫,保障贫困人口健康问题

来源:陕西省卫生计生委扶贫办　发布时间:2018-08-10

通过健康扶贫的系统扎实开展,陕西省汉中市镇巴县在册贫困人口新农合参合率达100%,县域内就诊率达93%,居全省首位、全国前列;贫困人口住院实际报销比例由58%提高到86%;因病致

贫返贫户由9862户减少至2814户,较好地破解了贫困群众"看得起病、看得好病、方便看病、少生病"的难题,开辟了健康扶贫的"镇巴路径",曾先后荣获"全国健康扶贫先进县""全国优秀家庭医生团队奖""全国脱贫攻坚组织创新奖"等殊荣。

### (一)探索打造"2+2+1"家庭医生签约模式

镇巴县创新实行"2+2+1"(村医和村卫计专干各1人+镇级医生和公卫专干各1人+县级指导人员1人)家庭医生签约服务模式,真正把签约服务做细做实,靶向破解山区贫病群众看病难的问题。

组建签约团队,明确职责任务。整合全县卫计队伍和医疗资源,抽调县镇村686名医生组建180个家庭签约医生团队,规定签约服务内容和服务频次,实行队长负责和持证上岗制。明确县级负责技术指导、业务培训,镇级负责进村服务、入户随访,村级负责送医送药、组织体检;规范服务方式,夯实服务内容。签约服务以贫困人口、老年人、孕产妇、儿童等重点人群为重点,逐渐扩展到普通人群,最终实现全覆盖。

### (二)试点先行"互联网+健康扶贫"项目应用

镇巴县利用2018年全国"互联网+健康扶贫"应用试点项目落户汉中的有利契机,构建互联网+健康扶贫数据平台。同国家卫健委实施战略合作,以大数据平台为轴心,在全国率先实现本县居民健康档案、电子病历、医疗结算与健康扶贫业务数据的互通共享,开展数据分析和研判,构建贯穿居民生命全周期的健康数据链。利用医疗大数据对医疗机构进行实时监管,年均发现并纠正不合规医疗行为3300余人次，扣减合疗基金50余万元，使扶贫资源得到最大化利用。

开发移动家庭医生签约服务管理系统。推进"互联网＋健康扶贫"的创新应用，开发家庭医生签约服务管理和电话跟踪随访系统软件，专门用于家庭医生签约服务信息传递。在卫生信息系统增加贫困户就诊即时通功能，家庭医生通过手机APP就能掌握群众的就医动态，开展健康档案信息查询、预约服务和医患交流等，签约服务真正实现了信息化、智能化管理。

### （三）建立健全"一二五"健康扶贫保障机制。

镇巴县把全民健康作为脱贫攻坚、实施乡村振兴战略的关键任务，确立健康镇巴这一战略目标，抓牢"减存量、控增量"两个重点，构建统筹协作、服务保障、能力提升、健康管理、监督考评"五大体系"，形成"一二五"健康扶贫保障机制。

### （四）统筹协作体系。

建立县委、镇办书记主抓，县长、局长、镇长主责，镇村干部、第一书记、帮扶责任人、签约医生"四支队伍"为主体的"234"领导机制，以及县级"三线协作"（党政、业务、协会）、镇级"四个统筹"（工作谋划、业务协调、人员安排、经费保障）、村级"六位一体"（学习办公、开展工作、参加培训、接受督导、共享信息、考核奖惩）的"346"责任体系，形成健康扶贫工作合力。

服务保障体系。全面推行基本医保＋大病保险＋民政救助＋补充医疗保障＋其他方式（社会捐助、爱心基金等）的"4+X"医疗保障体系，切实提高贫困人口医疗保障水平，贫困患者住院报销比例达到86%以上。

能力提升体系。扩建6所片区中心卫生院，建成183个标准化村卫生室，统一配备快速检测仪、健康管理一体机等医疗设备。县级医院与省、市三级医院组建医联体2个，与镇卫生院组建医共体21个，覆盖全县25家医疗机构。县财政每年预算卫计人才专项基金200万元，近三年共引进、培养医学人才460人。

健康管理体系。以签约医生村村宣讲、创建健康医院、建立智慧卫计等多种形式，强化健康教育和健康促进，落实基本公卫、妇幼保健项目。与西安交通大学联合开展以居民健康素养、慢性病患病率及危险因素核查为主要内容的国家重点研发计划"精准医学研究"项目，率先在全国启动精准健康工作。

督查考评体系。把健康扶贫纳入县委、政府工作督查范围，每年组织人大代表、政协委员视察1次以上；注重过程考核，实行月检查、季点评、年终考核排名；坚持考用结合，将健康扶贫考核结果与干部任用、评优树模、职称晋升和绩效考核挂钩，对出现严重问题的，坚决实行"一票否决"。

## 平利县：异地搬迁挪穷窝　脱贫致富新生活

来源：央视新闻联播　发布时间：2017-09-16

坚持稳定增收，强化施策精准。住上新房子，更要过上好日子。平利县围绕"搬迁一户、脱贫一户"目标，坚持一手抓搬迁安置，一手抓产业培育，着力在发展产业、支持创业、解决就业上下功夫，实现搬迁群众就地城镇化、资源就地资产化、农业发展现代化，确保持续增收、稳固脱贫。

一是壮大特色农业就地增收。在产业谋划上，按照"两全面三突出三覆盖"思路，系统谋划，做实产业扶贫。"两全面"，就是全面规划、全面推进；"三突出"，就是要突出茶饮产业、突出贫困村、突出市场主体带动；"三覆盖"，就是力求特色农业精准到村到户、市场主体带动精准到村到户和科技服务精准到村到户三个全覆盖。在产业布局上，立足"十三五"，聚焦富硒茶业，扭住"五个十万"（即10万亩精品茶、10万亩绞股蓝、10万亩富硒粮油、10万亩中药材、10万头生态猪）不动摇，落实"一村一企一业"，确保村村有产业、户户有主业、人人能就业。在具体措施上，突出"四个坚持"，即坚持群众主体、长短结合、精准施策、持续增收。在市场主体带动上，做到"四个强化"，即强化责任落实、利益联结、考核评比、政策激励，把企业带动贫困户数量和效果作为衡量产业精准扶贫的重要标尺，以增收目标完成率、帮扶对象精准退出率、脱贫对象巩固率和群众满意度"三率一度"为主要考核内容,考核结果向社会公告。围绕考核结果落实"四项激励政策",即对扶贫工作抓得好的市场经营主体优先安排财政扶持项目资金,优先落实两权抵押贷款,优先配置发放扶贫支农再贷款,同时对帮扶贫困户精准退出、当年人均增收1000元以上且对帮扶工作满意的,每户按500元标准给予企业奖励;对脱贫不脱钩、继续包帮脱贫户没有返贫且对帮扶巩固工作满意的也按户给予奖励,真正让扶贫做得好的企业政治上得荣誉,社会上树美誉,发展上有机遇。2017年,我们落实150家市场经营主体帮扶全县10000户贫困户,一对一签订5年以上帮扶协议,不脱贫,不脱钩,脱贫了还要"扶上马送一程"。

二是兴办社区工厂就业增收。坚持总部建在园区、车间办在社区,在搬迁规划之初,每个社区都在一层预留厂房车间,全县兴办社区工厂41家,吸纳就业3000余人,让搬迁群众在家门口就业。我县社区工厂脱贫模式被《人民日报》《光明日报》等媒体深度报道,被国家扶贫办确定为典型扶贫案例。如我县城关镇药妇沟安置社区在建设时就同步配套社区工厂,成功吸引香港嘉鸿手套制品等4家企业进驻,解决搬迁群众就近就业250人,年人均收入达2万元以上。(针对全县大部分搬迁群众缺乏就业技能,及时成立了电子商务孵化培训中心,会同社区工厂总部累计培训460人,药妇沟社区升级为全县搬迁群众后续产业孵化中心。同时积极引入社会力量参与扶贫搬迁,由100名本县女企业主成立女子创业协会,带动1000余名贫困人口脱贫。2017年药妇沟社区被国家人社部认定为全国充分就业社区。

三是发展电子商务外销增收。依托阿里巴巴农村淘宝项目，培育了 42 家电商企业和 796 家网店微店，通过订单生产、种养回购然后线上外销的方式，带动 940 户搬迁群众在电商产业链中增收。2016 年全县网销平利农产品 1.8 亿元。

# 安康：建设新民风　打赢脱贫攻坚战

来源：陕西日报　2017年6月18日

针对近年来个别地方出现争贫困户"帽子"、过事送礼、巧立名目大操大办等问题，安康坚持以党风带政风促民风，在全市大力开展"诚、孝、俭、勤、和"新民风建设，整治陋习，树立新风。2016年，全市13.67万贫困人口脱贫，212个村"摘帽"。

## （一）"五字新风"切中致贫要害

针对近年来出现的唯利是图、盲目攀比、自私缠闹等不良社会风气，尤其是在脱贫攻坚中存在的"靠着墙根晒太阳，等着政府送小康"的"等、靠、要"思想，安康出台《大力推进新民风建设的实施意见》，以"诚、孝、俭、勤、和"为核心内涵，倡导厚道实在、孝老爱亲、节俭简朴、勤奋踏实、宽容礼让、破旧立新、重塑新风。

石泉县饶峰镇胜利村位于210国道边上，以前却少有外人光顾这里，村里连条水泥路也没有。2015年，复转军人杨卫东当选为村支书后，一方面抓转变民风，每半年评选一次模范典型，用身边人教育、引导和带动群众；另一方面，带领村民成立了"子午道乡村旅游专业合作社"，走"支部+企业+合作社+贫困户"的脱贫发展新路子。短短一年半时间，村集体资产总额就达到550多万元，村民的人均年收入从 4000 多元增加到 8000 多元。

### (二)"六大活动"助力脱贫攻坚

安康市以"道德评议、移风易俗、文化传播、文明创建、诚信建设、依法治理"六大活动作为开展新民风建设的主要载体。同时，坚持"党建＋新民风"的系统思维，推进新民风建设与基层党建、精神文明建设、社会治理深度融合，使新民风建设化"无形"为"有体"，变"被动"为"主动"。

"群众说、乡贤论、榜上亮"的新民风道德评议活动，2015 年起源于旬阳县，他们以村为单位，由群众推选老党员、老干部、道德模范、人大代表、政协委员等"乡贤"组成评议委员会，动员群众说事论理，达到"好坏大家评、落后大家帮"的目的。

白河县开展"我勤劳、我脱贫、我光荣"主题宣教活动，鼓励党员贫困户带头脱贫、勤劳致富。党员贫困户陈德贵，通过土法酿酒和特色种养增加家庭收入，2016 年他酿酒 350 多公斤，仅此一项增收 1.4 万元，被表彰为全县脱贫攻坚先进个人。

### (三)"三年之期"对标全面脱贫

任何事情都不可能一蹴而就，民风建设更非一朝一夕。安康市对标脱贫攻坚确定新民风建设总目标，即"一年初见效、两年大变样、三年成新风"，通过"宣传建制、集中整治、提升完善"，计划在 2020 年全面实现脱贫之际，把安康建成陕南首善之地、全省民风高地。

他们以树立健康的家庭价值观为突破，传播新民风文化，继承发扬优秀传统文化，在全市大力推广"汉阴沈氏家训""白河黄氏家规""岚皋杜氏家规"，用优良的家规、家教、家风正德树人、淳化民风，为脱贫攻坚提供强大的精神动力。

# 千阳项目超市：增收门路摆上货架，各村各户按需提取

《人民日报》（2017年12月7日13版）

如何帮助贫困户精准对接扶贫项目？陕西省千阳县把各村各户的脱贫需求收集分类，汇总成具体项目，就像超市的商品；各种扶贫力量自主选择自己能完成的项目去落实，就像选购商品一样去对接。这种一把钥匙解一把锁的"项目+脱贫"模式，被群众形象地称为"项目超市"。

## （一）推广项目超市　精准对接供需

千阳县地处渭北旱塬沟壑丘陵区，属国家六盘山片区和陕西省扶贫开发重点县，也是省市确定的限制开发区。全县13.4万人，2016年确认贫困村76个，贫困人口8077户2.56万人，贫困发生率14.8%。

面对贫困家庭千差万别的致贫原因和脱贫需求，县上把各村各户的脱贫需求收集分类，汇总成具体项目，就像超市的商品；各种扶贫力量自主选择自己能完成的项目去落实，就像购买商品一样按需提取。这样一来，就实现了各种资源要素与扶贫工作的精准、高效对接，达到了一把钥匙解一把锁的帮扶效果，群众形象地称这种模式为"项目超市"。

两张大表格贴在墙上，显示的是南寨镇闫家村"项目超市"的对接情况。全村公共服务项目7项，总投资577.3万元，84户贫困户的名下都分别对应2—4种产业帮扶项目，包括栽苹果、种黄花菜、养豪猪、养羊、务工、土地流转、资金入股等。村支部书记王书贤说："每家每户的劳动能力、技术水平、爱好兴趣各不相同。发展脱贫产业不能千篇一律，我们结合村内实际，引进了许多办法，并配套资金、技术、帮扶人员和措施，总有一种办法行得通。"

### （二）五种搭载模式　满足不同村情

大多数贫困户的自我发展能力不强，面对市场经济和现代农业的双重挑战，独立发展产业很难赚钱。

千阳县探索农村产权制度改革方法，把农村的土地、林地、扶贫资金、劳动力、基础设施等生产资料转化为资本，以货币计量的形式搭载新型经营主体，规模发展重点产业，既降低了经营风险，又解决了品种、技术、设施、销售等难题，每年至少按股份7%分红，让贫困户有甜头、企业有赚头，形成了政府主导、市场运作、项目对接、发展共赢的产业扶贫机制。

千阳县引导每个村都成立了集体经济合作社，争取政策资金、社会资金支持，带动群众发展产业促脱贫。目前，全县探索出了流转土地入股、注入资金入股、托管合作建园、务工学艺、社区工厂创业共五种搭载模式，满足不同村情、户情的贫困户选择。"这五种产业搭载模式，是经过反复试验磨合出来的，基本涵盖了农村产业发展的各个方面。"县长张新科说。

### （三）瞄准绿色发展　实现长久增收

以绿色为关键词，千阳县培育起了矮砧苹果、莎能奶山羊、生态果蔬、光伏发电 4 个主导产业；同时，结合山区实际和市场前景培育起了核桃、蚕桑、玉米、花卉等 20 多个地方特色产业；此外，每个产业都配以产业合作社或营销龙头企业，实现全产业链发展，给贫困户提供了多项产业选择、多个渠道搭载。

据该县产业办主任杨宏忠介绍，全县 1974 户贫困户参与流转土地 6300 亩，仅每亩 650 元的租金收入，就是当地农民种植粮食作物纯收益的 3 倍多，还不含种粮人工费投入。全县有 1500 多户贫困户通过搭载各种新型经营主体，建花卉、苹果、蔬菜产业园 5000 多亩，养羊 6000 多只，两年育成后户均年增收 5000 多元，帮助贫困户培养起自己的增收产业，实现长久增收。

# 吴起县创新"生态扶贫",助推脱贫攻坚

来源:规划财务处　日期:2018-08-29

陕西省延安市吴起县作为全国退耕还林示范县,围绕"生态美、百姓富"两个目标,采取林业项目倾斜、劳务造林优先、生态补偿帮助、护林管护扶持、创新机制等五项措施,精准施策,开辟了生态扶贫新路子。他们的主要做法如下。

## (一)林业项目倾斜扶贫

一是退耕还林工程扶持。结合新一轮退耕还林的实施,自愿退耕的贫困户优先安排,人均不少于 2 亩,补助资金不少于 3000 元,支持营造以山杏、山桃等为主的经济林。在基本建设征占用林地异地恢复时,优先安排贫困户需退地块。二是林业工程倾斜安排。将国家林业重点工程 80% 的任务安排在全县 52 个贫困村,落实建设资金不少于 1000 万元,"三化一片林"项目全部安排在贫困村,将符合条件的贫困村现有林地优先纳入国家或地方公益林地,保证享受森林生态效益补偿金。三是实施财政造林补贴。按照"产权明确、谁造补谁"的原则,每年落实中央财政造林补贴不少于 2000 亩,资金不少于 400 万元,优先贫困户进行申请,造林经验收合格后每亩补贴 200 元。四是实施森林抚育补贴。每年落实森林抚育面积不少于 2000 亩,资金不少于 20 万元,对贫困户抚育所承包林地的,

经验收合格每亩补贴100元。五是实施生态效益补偿。将贫困户国家退耕还林补助期满的重点生态林全部纳入公益林补偿范围，将集体公益林承包给贫困户管理管护，每亩年补贴13元，每个贫困户不少于2000元。

**（二）林业生态产业扶贫**

一是大力发展干杂果经济林产业。鼓励、引导和动员具有劳动能力和有条件的贫困户建设山地苹果、楸子、仁用杏、长柄扁桃等经济林长效产业，贫困农户人均达到2亩。加强吊干杏等新品种的引进和推广，提高产量，做好林木抚育管理技术服务工作，积极提供市场服务信息，拓宽群众增收渠道。二是大力发展沙棘产业。积极与陕西海天制药集团公司、延安圆方集团公司等企业合作，鼓励贫困群众参与沙棘产业园的建设，结合"三变改革"，采取"企业+基地+专业合作社+贫困户"的模式，增加贫困群众收入。三是积极鼓励发展苗木花卉产业。适度引导贫困户培育刺槐、山杏、山桃、柠条等投资小、好销售的苗木，对贫困户的滞销苗木，实施的林业重点工程在同等条件下优先使用，确保贫困户在苗木培育方面的收入不减。四是积极鼓励发展林下经济。鼓励有条件的贫困户依托林地资源大力发展种植、养殖、食用、药用、菌类、林产品加工等林下经济。五是加快发展森林旅游业。依托退耕还林森林公园开展休闲和健康养生旅游活动，通过整合优势资源、挖掘文化内涵、积极发展形式多样、特色鲜明的森林生态旅游业，优先聘用贫困人员参与。

2018年以来，落实中央财政造林补贴项目贫困户合计525户，

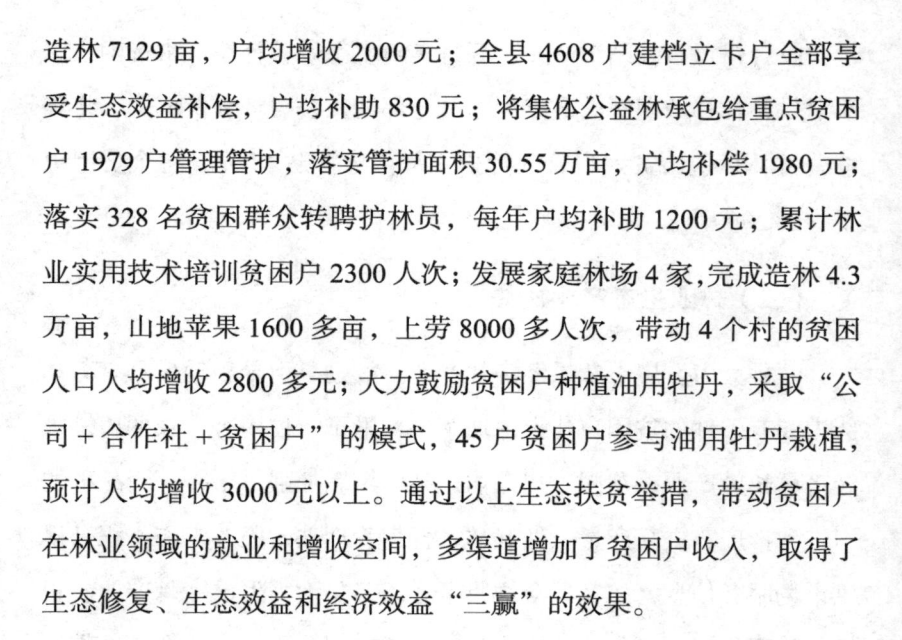

造林 7129 亩，户均增收 2000 元；全县 4608 户建档立卡户全部享受生态效益补偿，户均补助 830 元；将集体公益林承包给重点贫困户 1979 户管理管护，落实管护面积 30.55 万亩，户均补偿 1980 元；落实 328 名贫困群众转聘护林员，每年户均补助 1200 元；累计林业实用技术培训贫困户 2300 人次；发展家庭林场 4 家,完成造林 4.3 万亩，山地苹果 1600 多亩，上劳 8000 多人次，带动 4 个村的贫困人口人均增收 2800 多元；大力鼓励贫困户种植油用牡丹，采取"公司＋合作社＋贫困户"的模式，45 户贫困户参与油用牡丹栽植，预计人均增收 3000 元以上。通过以上生态扶贫举措，带动贫困户在林业领域的就业和增收空间，多渠道增加了贫困户收入，取得了生态修复、生态效益和经济效益"三赢"的效果。

# "筑巢引凤":打造一支"不走的扶贫工作队"

## ——基于安康市石泉县"能人兴村"战略的调查研究

西北农林科技大学课题组[1]

习近平总书记强调:要深入推进党建促脱贫攻坚工作,选好配强村"两委"班子,培养农村致富带头人,促进乡村本土人才回流,打造一支"不走的扶贫工作队",这为脱贫攻坚人才队伍建设规制了路径。但贫困地区尤其是贫困村发展中基层党组织弱化、活力不够、动力不足、人才缺乏等问题一直困扰着当地的发展。为此,石泉县"筑巢引凤",积极探索"能人兴村"的有效实现方式,着力打造一支"带不走的人才队伍",破解农村脱贫攻坚、乡村振兴中的诸项难题。所谓"筑巢引凤",是指以党建为引领,机制相衔接,确保战略"站的高";以能力为导向,系统相衔接,确保能人"选的出";以需求为引导,平台相对接,确保能人"有事做";分类别为指导,政策相配套,确保战略"能长久"。通过"筑巢引凤",石泉县"能人兴村"战略得以高效推进,基层党建得以强化、脱贫产业得以孵化、脱贫动力得以活化、本土人才得以优化,真正实现了"有凤来仪",切实打造了一支"带不走的人才队伍",短期助力脱贫攻坚之战,长期筑牢乡村振兴之基。

---

[1] 本报告执笔人为何得桂、张旭亮。

## 一、"筑巢引凤":"能人兴村"战略精准发力

为充分发挥乡贤能人在村域政治、经济、社会发展中的示范、带动、引领作用,破解农村发展难题、提升村民自治能力、助力脱贫攻坚、蓄力乡村振兴,石泉县积极谋划、主动探索、奋力践行"能人兴村"战略,为乡村本土人才的回流铺路架桥、筑巢引凤。

### (一)党建引领,机制对接:"能人兴村"战略有站位

充分发挥党建引领作用,保证"能人兴村"战略高效推进。一是落实党委第一责任人制度,确保"能人兴村"战略超高站位。石泉县"能人兴村"战略由县委组织部牵头抓总,县委政法委、县农林科技局、县民政局具体负责,着力研究和解决工作推进过程中遇到的突出困难和重大问题。县镇两级党委作为"能人兴村"战略的实施主体,党委书记作为第一责任人,把"能人兴村"工作作为当前和今后一段时期农业农村工作的重要任务,突出重点、强化措施,负责制定、落实农村能人培养、管理、激励等配套政策的落实,确保"能人兴村"战略的超高站位。二是发挥党支部战斗堡垒作用,确保"能人兴村"战略持久发力。把党的力量挺在脱贫攻坚的最前沿,充分发挥党支部的战斗堡垒作用,让支部成为汇聚人才资源、凝聚人才力量的核心阵地,在确定产业规划时;要发挥支部集体优势,确保产业持续健康发展。三是强化党员模范带头机制,确保"能人兴村"战略长久为继。坚持"双培有渠道、双带有措施"的原则,使能人、党员双向健康流动,让年富力强、德才兼备、群众公认的

能人成为村干部队伍后备力量和主要来源，确保农村实用人才数量、质量有所增长，班子、党员力量有所增强。

（二）能力导向，系统对接："能人兴村"战略有能人

坚持能力导向，选出能人是"能人兴村"战略的关键环节。

一是严格能人选拔、引进标准。县委从优化引才用才环境入手，通过广泛的正面宣传和良性引导，把脱贫攻坚作为人才自主创业、带领致富、服务农村、助推发展的主战场，把思想有境界、投资有实力、经营有能力和致富能帮带、新风能引领、治理能出力的"三有三能"标准要求作为选好能人的标准，通过加强宣传，制作联系卡等形式，多方摸底排查，确保把脱贫攻坚的尖兵和表率、社会领域的标兵和楷模、农村工作的行家里手、在外经商务工的成功人士和技术能手都吸引到农村能人队伍之中。通过本土培育、吸引返乡、招商引进等方式，全县首批建立了1100人的能人队伍。初步探索出了能识才、能引才、能用才、能留才的机制，营造出了爱才、护才、敬才、惜才的良好氛围。

二是严把能人培训、服务过程。注重对能人的教育培训和服务管理，有效促进了能人政治上的成熟、技能上的增强、经营上的进步，实现了有心扶贫和有力扶贫相统一。依托省内外各类培训机构，采取集中培训、委托培训、实践培训等方式，以政治理论、经营管理、市场营销、信息技术等为主要内容；各镇针对能人需求，扎实开展以党性修养、农村政策法规、群众工作方式方法、村务管理、脱贫攻坚等为主要内容的能人培训教育，引导能人树立正确的人生观、价值观和世界观，增强为民服务的意识，提升其参与民主管理、

科学治村的能力。

三是严守能人考核、监督底线。根据能人自身优势、特长，将农村能人分门别类建立能人库。健全完善县、镇、村三级能人信息库，全面真实地采集和录入各类型能人信息，实行一人一档，定期更新维护。各镇及时挖掘并发现各类型能人，符合条件的能人及时入库，对发挥作用不力、出现违纪违法等行为的及时清退，保证能人队伍质量。目前，全县能人库已筛选入库各类能人1100余人，其中本土能人730余名，返乡能人260余名，引进外地能人100余名。分类造册、建档立卡、实行信息化动态管理。

（三）因人施策，需求对接："能人兴村"战略有平台

坚持差异原则，搭建对接平台是"能人兴村"战略的重要一步。

一是对接产业发展需求，为创业型能人搭建产业发展平台。充分发挥能人在产业扶贫、技术扶贫和智力扶贫上的作用，在各级党组织的动员和引导下，利用发展型能人有头脑、懂技术、会经营的优势，在全县实施培育100个农业龙头企业、100个示范化农业合作社、100个家庭农场、1000个产业大户、1000名技术能手、10000名职业农民的"六个一工程"。目前，能人已创办企业39个，发展农业园区30个、专业合作社156家、家庭农场100个、产业大户450户，安置3600余名贫困劳动力就业，发展订单农业23000余亩，吸纳800余户贫困户资源资金入股，累计分红500余万元，4000余户、10000余名贫困群众通过能人兴业的带动实现了稳定脱贫。

二是针对村庄治理乱象，为乡贤型能人搭建基层治理平台。针

对农村"要面子"、比阔气、铺张浪费、不孝老、不诚信、道德缺失，以及贫困户等、靠、要内生动力不足等不良风气，利用能人威信高、能带头的优势，村级党组织主导建立"一约四会"（村规民约、红白理事会、村民议事会、道德评议会、禁毒禁赌会），依靠能人表率示范，发挥能人"扶志"作用，在贫困群众中逐步兴起自强之风、实干之风和感恩之风。针对部分群众精神贫困、旧习难改的问题，发挥乡贤型能人有文化、明事理、威信高的优势，由村党支部牵头，组织能人参与建立"一约四会"，即村规民约、红白理事会、村民议事会、道德评议会、禁毒禁赌会，能人参与道德评议320余场次，协助化解矛盾纠纷530余件。倡导鼓励能人带头当义工、献爱心、做好事，全县已组建了14支专业志愿服务队、125支村级志愿服务队，累计开展志愿服务活动1500余场次，建立农村公益基金26个，帮扶村级公益事业建设和弱势群体资金达300余万元，通过能人引领，社会风气明显好转。

三是结合能人政治诉求，为综合型能人搭建政治参与平台。发挥综合型能人善组织、懂管理、群众服的优势，牵头建立志愿服务队和公益基金会，促进农村公益事业发展、解决脱贫攻坚实际困难；积极探索建立村域决策能人参与制度，邀请能人参加支委会、村委会决策村级事务，参与各项村域治理工作；大力开展"双培双带"活动，吸纳能人加入党组织，择优选拔能人进村级班子，推荐选举能人担任县镇两级"两代一委"，有效强化了基层队伍，提升了基层组织的凝聚力、战斗力和公信力。发挥综合型能人善组织、懂管理、群众服的优势，结合"双培双带"活动，先后吸纳61名能人加入党组织，择优选拔42名能人进入村级班子，推荐选举52名能人担任县镇两级"两代一委",有效强化了基层队伍,提升了基层组织的凝聚力、战斗力和公信力。

四是强化职能部门统筹,搭建"能人兴村"战略协作平台。在县"能人兴村"领导小组的领导下,各职能部门都能认真贯彻县委、县政府关于"能人兴村"战略的核心思想,按照打赢脱贫攻坚战的部署要求,坚持解决急需与夯实基础相结合、外部支持和内生发展相结合,统筹城乡、整合资源、精准施策,加大对基层各类人才倾斜支持力度,促进各方面优秀人才向基层流动,激发基层各类人才创新创造活力,不断提高人才服务地方经济与社会发展的能力。

### (四)分类指导,政策对接:"能人兴村"战略有保障

坚持分类施策,加大扶持力度,为能人创业、发展提供政策支持。

一是兴业政策从优。加大能人创新创业扶持力度,把农村能人的创业就业计划纳入全县创业就业总体规划,严格落实能人兴村、能人兴业各项奖补政策,对创业兴业的能人提供优先承包资源、优先项目扶持、优先减免费用等优惠政策,实行立项审批、土地征用、环境评估、人才招聘"全托式"和"一站式"服务。

二是项目政策支持。全县整合各类项目98个、农村发展资金1100万元,与能人牵头发展的产业分布相匹配,与能人创办领办的经济组织相对接,支持能人把实业做实,把"蛋糕"做大。

三是奖励政策配套。科学合理的奖励政策能够有效调动能人发展、带动创业的积极性。石泉县结合"五比五看五好"竞赛、"争当石泉十佳、唱响石泉十美"评选、"能人兴村"表彰评选、"十佳"龙头企业、产业大户、技术能手、道德模范等评选活动,积极营造

争做能人、敢做能人、会做能人的良好氛围。同时，对能人带动贫困户脱贫能力强、成效好，达到规定企业标准的给予不低于100万元的一次性奖补，达到专业合作示范社、家庭农场、产业大户和职业农民标准的分别给予3万元、2万元、0.5万元的一次性奖补；对能人在扩大经营规模中缺乏资金的给予财信担保和贴息政策，为能人发展创造良好的政策环境。

四是沟通机制衔接。结合县级领导联镇、部门包村等工作，建立能人联系机制，每名县级领导在所联系的镇确定5—10名能人作为联系对象，各部门主要领导在所包联村确定3—5名能人作为联系对象，各镇领导班子成员在所包联村确定2—3名能人作为联系对象，定期对能人进行走访慰问、谈心交流、沟通思想、排忧解难。县镇两级要不定期召开能人座谈会，听取意见建议，商讨发展事宜。

## 二、"有凤来仪"："能人兴村"战略精准落地

石泉县"能人兴村"战略坚持因地制宜、因人施策、分类指导的基本思想，通过一系列超常规举措、拿出过硬办法，最终使基层党建得以强化，脱贫产业得以发展，脱贫攻坚活力得以激活，本土人才得以培育，切实打造了一支"带不走的人才队伍"。

### （一）基层党的建设得以加强

围绕聚力脱贫抓党建、抓好党建促脱贫的思路，牢固树立"培养一个能人就是培育一个新的经济增长点"的发展意识，把政治觉悟高、致富能力强、群众口碑好的能人培养成党员，把党员培养成

致富能人。每个村每年至少培养1名能人为入党积极分子，为村级班子有序更替做好梯次储备。近年来，石泉县共培养村级后备干部500余名，先后吸收乡村能人进入村"两委"班子100余人，吸纳61名能人加入党组织，选拔42名能人进入村级班子，推荐选举52名能人担任县镇两级"两代一委"，有效强化了基层队伍。

### （二）脱贫致富产业得以发展

通过支部引领，充分利用能人会经营、懂技术、善管理的优势，扎实推进"能人兴村"战略，培育一批村民成为职业农民、技术能人、产业大户，引导能人创办或领办农业产业化龙头企业、示范化农业合作社和家庭农场等各类经济实体，盘活本地资源，示范带动蚕桑、畜牧、种植等传统产业提质增效，促推生态环保、富硒食品、文化旅游等新型产业茁壮成长，有效拓宽致富渠道，解决群众就业难题，带动农村经济发展。全县6000余个贫困户、14000多贫困人口在能人创办项目的带动下，通过土地流转、订单种养、劳务用工、带资入（企）等多种方式实现了稳定增收。

### （三）脱贫内生动力得以激活

积极引导支持家庭农场主和产业大户扩大农业经营规模，破解了传统家庭生产经营"低、小、散"的难题，通过资金代管、产业托管、作价入股、合同务工、按比分红等方式带动贫困户发展，实现增收。每个村培育5-10个产业大户，壮大了村域经济发展、带领贫困群众脱贫的骨干队伍。支部为能人带动脱贫攻坚发挥作用搭建载体平台，积极引导能人与贫困户开展结对帮扶发展促脱贫等形式多样的帮扶活动,形成与贫困户精准对接机制,着力发挥能人在脱贫攻坚工作中的引领和帮扶作用。能人通过发挥自身在扶贫上的知识、技术、销售、资金、信息等方面的优势,积极参与脱贫攻坚,引领并有效调动贫困村、贫困户发展脱贫的内生动力,破解增收难持续的难题,助推脱贫攻坚目标顺利实现。

### (四)乡村本土人才得以回流

通过实施"能人兴村"战略,能人兴村政策宣传,让能人能够及时了解和准确掌握国家的惠农政策,组织具有相应农业技术专长的科技人员下乡开展服务,帮助农村能人理清发展思路,激发乡村农民发展产业的积极性,乡村能人纷纷回乡创业。相继依托资源优势,策划包装富硒产业、农产品深加工、乡村旅游等系列项目,以项目吸引返乡能人近1000名,有效地助推了乡村产业的发展,为打赢脱贫攻坚战、实现乡村振兴提供了强大的本土人才支持,切实打造了一支"带不走的人才队伍"。

## 三、"凤鸣高岗":"能人兴村"战略之启示意义

石泉县通过"能人兴村"战略的实施,实现了乡贤能人脱贫带动效应、资源整合效应以及发展引领效应,为乡土能人的回流、培育、发展提供了可借鉴的范本。

### (一)实施"能人兴村"战略,是建强基层党组织的现实要求

基层党组织是党在农村的战斗堡垒,也是党在农村执政的基

础。实施能人兴村战略，让政治素质高、见识多、能力强、社会联系广泛的能人担任村"三委"干部，能给村级班子注入新的活力，充分发挥好村级班子中能人在脱贫致富中的"领头羊"作用，能有效增强村级组织的吸引力和号召力，更好地发挥基层党组织的战斗堡垒作用。

### （二）实施"能人兴村"战略，是打赢脱贫攻坚战的有力保障

能人是农村经济社会发展的"排头兵"，是带领群众共同致富的"带头人"，是实现脱贫攻坚目标的"主力军"。通过能人兴业的组织带动，才能从根本上解决自身发展能力差的贫困户创业就业，实现稳定增收，逐步摆脱贫困。所以能人兴业带动脱贫致富是落后地区脱贫攻坚最有力、最有效的保障，能人队伍是真正意义上"不走的扶贫工作队"。

### （三）实施"能人兴村"战略，是实现乡村治理有效的重要途径

能人有能力、有实力、有威望，在农村群众中有广泛的说服力和影响力，农村许多公益事业、关爱弱势、化解矛盾、改善风气都离不开能人，因此只要基层组织引导好了，能人就是促进乡村治理的一支不可或缺的重要力量。我县连续被评为信访"三无县"，农村社会持续保持和谐稳定，与发挥能人队伍作用是密不可分的。

### （四）实施"能人兴村"战略，是实现乡村振兴的重要保障

能人是农村经济社会发展的"排头兵"，是引领群众共同致富

的"带头人",充分发挥农村能人的引领带动作用,鼓励支持乡贤能人用经营企业的理念经营村庄,盘活农村的人、地、财资源,壮大集体经济,吸纳贫困村民就业增收,对于加快农村"三业"发展,引领和带动经济转型,为新时期乡村振兴战略的实施打下坚实而稳固的人才基础。

# 参考文献

［1］《中共中央 国务院关于打赢脱贫攻坚战的决定》（中发〔2015〕34号）.

［2］《国务院关于印发"十三五"脱贫攻坚规划的通知》（国发〔2016〕64号）.

［3］《中共中央国务院关于打赢脱贫攻坚战三年行动的指导意见》（中发〔2018〕16号）.

［4］习近平．摆脱贫困［M］．福州：福建人民出版社，1992.

［5］何得桂．治理贫困：易地搬迁与精准扶贫［M］．北京：知识产权出版社，2017.

［6］《中共陕西省委陕西省人民政府关于贯彻落实〈中共中央国务院关于打赢脱贫攻坚战的决定〉的实施意见》．

［7］何得桂，等，编著．摆脱贫困：记述陕西易地扶贫搬迁［M］．北京：知识产权出版社，2018，4.

［8］白宽梨，罗丞，于宁锴主编．陕西精准脱贫研究报告（2019）［M］．北京：社会科学文献出版社，2019，1.

［9］中共陕西省委陕西省人民政府《关于打赢脱贫攻坚战三年行动的实施意见》．

［10］陕西省扶贫开发办公室，陕西省发展和改革委员会《关于印发陕西省"十三五"农村脱贫攻坚规划（2016—2020年）的通知》（陕扶办发〔2016〕33号）．

［11］陕西省农业厅，陕西省扶贫开发办公室《关于支持贫困村发展壮大集体经济的指导意见》.

［12］陕西省人民政府国有资产监督管理委员会关于印发《陕西省省属企业产业扶贫实施方案》的通知（陕国资发〔2016〕104号）.

［13］陕西省农业厅，陕西省扶贫开发办公室印发《陕西省农业产业扶贫政策措施的通知》（陕农业发〔2016〕32号）.

［14］陕西省人民政府办公厅关于印发《陕西省移民（脱贫）搬迁工作实施细则》的通知（陕政办发〔2016〕66号）.

［15］陕西省扶贫开发办公室，陕西省发展和改革委员会关于印发《陕西省"十三五"易地扶贫搬迁工作实施方案》的通知（陕扶办发〔2016〕17号）.

［16］何得桂．山区避灾移民搬迁政策执行研究：陕南的表述［M］．北京：人民出版社，2016.

［17］国家发展改革委，国家林业局，财政部，水利部，农业部，国务院扶贫办共同印发的《生态扶贫工作方案》（发改农经〔2018〕124号）.

［18］陕西省脱贫攻坚领导小组办公室《陕西生态脱贫攻坚三年行动实施方案（2018—2020年）》.

［19］陕西省环境保护厅，陕西省扶贫开发办公室关于印发《陕西省环境保护脱贫实施方案》的通知（陕环发〔2016〕20号）.

［20］陕西省教育厅，陕西省扶贫开发办公室．关于印发《陕西省教育扶贫实施方案》的通知 陕教财〔2016〕29号.

［21］国家卫健委，国务院扶贫办关于《贫困地区健康促进三年攻坚行动方案》（国卫办宣传函〔2018〕907号）.

［22］陕西省卫生计生委，陕西省扶贫开发办公室关于印发《陕西省健康扶贫

实施方案》的通知（陕卫规划发〔2016〕48号）.

[23] 陕西省卫生计生委，陕西省扶贫开发办公室关于印发《陕西省健康扶贫三年攻坚战实施方案》（陕卫规划发〔2018〕134号）.

[24] 中共中央组织部国务院扶贫办关于印发《关于聚焦打好精准脱贫攻坚战加强干部教育培训的意见》的通知（中组发〔2018〕6号）.

[25] 陕西省脱贫攻坚指挥部关于印发《陕西省就业扶贫公益专岗管理暂行办法》的通知（陕脱贫发〔2018〕5号）.

[26] 国务院扶贫办，科学技术部，财政部，人力资源社会保障部，农业部，中国人民银行，中国银监会，中国保监会《关于培育贫困村创业致富带头人的指导意见》（国开办发〔2018〕2号）.

[27] 陕西省人民政府《关于进一步加强和改进最低生活保障工作的实施意见》（陕政发〔2013〕42号）.

[28] 陕西省人民政府办公厅转发省民政厅等部门《关于做好农村最低生活保障制度与扶贫开发政策有效衔接实施意见的通知》（陕政办发〔2017〕23号）.

[29] 《关于做好困难残疾人生活补贴和重度残疾人护理补贴管理发放工作的通知》（陕民发〔2016〕10号）.

[30] 《陕西省农村五保供养服务机构管理办法》（陕西省人民政府令第174号）.

# 后 记

　　坚持为人民做学问，围绕"全面建成小康社会"的时代背景与"打赢脱贫攻坚战"时代旗帜；关注核心指导思想、重大方针政策和先进实践经验；聚焦"陕西实践"，梳理"陕西策略"，展现"陕西态度"；从而搭建起政府方针政策与广大基层干部群众之间的联系桥梁，是包括我们在内的诸多学者孜孜以求的目标。陕西的脱贫攻坚，就是中国改革开放、全面建成小康社会，打赢脱贫攻坚战的生动体现。

　　陕西打赢脱贫攻坚战是以习近平新时代中国特色社会主义思想为指导，认真贯彻党的十八大精神、十九大精神、中央扶贫开发工作会议精神，以及习近平总书记关于扶贫工作的重要论述精神，根据《中共中央国务院关于打赢脱贫攻坚战三年行动的指导意见》，《中共陕西省委陕西省人民政府关于贯彻落实<中共中央国务院关于打赢脱贫攻坚战的决定>的实施意见》，以及相关中、省具体政策的相关要求，通过产业扶贫、易地搬迁扶贫、生态扶贫、教育扶贫、健康扶贫、扶贫扶志、社会保障兜底系列举措，如期完成脱贫任务。

　　打赢脱贫攻坚战需要基层干部群众的投入与支持。本书是服务基层干部群众，介绍陕西打赢脱贫攻坚战的系列举措与先进地方实践经验的一部著作和工具书，也是解读陕西脱贫攻坚相关政策，便利、引导、帮助基层干部与群众更加积极有效地参与到脱贫攻坚实践的良好指引材料。本书可以使广大基层干部群众增强责任感、使命感、参与度，提高脱贫攻坚的精准度、满意度，以此促进提升脱贫质量。

本书是集体智慧和团队合作的成果。何得桂负责本书的总体框架设计、组织实施并统稿，徐榕、高建梅协助何得桂做了大量工作。张硕、陶钰、廉耀辉、李莹、马超、亢秀平、张旭亮等人也为本书的资料收集和章节撰写作出了相应的贡献，无疑他们也是本书的作者，并且对各自的文稿进行负责。

在本书撰写的过程中，我们充分听取各方的意见和建议，认真收集第一手资料，力争做到客观、充分、规整、通俗；与此同时，我们坚持"述而不论，寓论于述"，遵循实事求是的思想路线以及梳理精品意识，坚持"质量第一"的观点。此外，我们还参阅了大量政府文件、媒体报道及其他地方相关材料，在此深表感谢！

在本项目的立项、实施与形成成果的过程中，陕西省社科联、陕西省扶贫开发办公室、陕西移民（脱贫）搬迁工作办公室、陕西省卫生计生委扶贫办、安康市石泉县委宣传部、汉中市镇巴县卫生计生局、宝鸡市千阳县扶贫办等单位都给予了大量支持和帮助，我们一并致以真诚的谢意！

由于陕西脱贫攻坚是一项宏大的系统工程，涉及工作面非常广泛，如果在相关政策、地方材料的梳理过程中出现疏漏，请广大干部群众指正，并提出宝贵意见。

最后，我们真诚希望，广大基层干部群众能够全情投入脱贫攻坚的伟大工程之中；更多的社会科学工作者能够加入脱贫攻坚的实践与研究中，总结脱贫攻坚经验、评估脱贫攻坚成效、提出相关政策建议，为如期高质量打赢脱贫攻坚战与推动乡村振兴，建成全面小康社会贡献更多的力量！

何得桂

2018 年 12 月 12 日